Schirner Verlag

SUSANNE ORRÙ-BENTERBUSCH

Was dir mein Herz noch sagen wollte

HUNDEBOTSCHAFTEN, die die Seele berühren

Schirner Verlag

Dieses Buch enthält Verweise zu Webseiten, auf deren Inhalte der Verlag keinen Einfluss hat. Für diese Inhalte wird seitens des Verlages keine Gewähr übernommen. Für die Inhalte der verlinkten Seiten ist stets der jeweilige Anbieter oder Betreiber der Seiten verantwortlich.

Wir verzichten auf das Einschweißen unserer Bücher – **UNSERER UMWELT ZULIEBE!**

ISBN Printausgabe 978-3-8434-5162-8
ISBN E-Book 978-3-8434-6398-0

Susanne Orrù-Benterbusch:
Was dir mein Herz
noch sagen wollte
Hundebotschaften,
die die Seele berühren

Umschlag: Simone Fleck und Marie Springer, Schirner, unter Verwendung von # 404033893 (© dezy), # 92194063 (© Kudryashka) und # 116481811 (© blue67design), www.shutterstock.com
Layout: Marie Springer, Schirner
Lektorat: Claudia Simon, Schirner
Printed by: Ren Medien GmbH, Germany

www.schirner.com

9. Auflage September 2024

INHALT

Dieses Büchlein widme ich
mit Liebe, Dank und größtem Respekt
allen Hundeseelen dieser Welt.

VORWORT

Liebe Leserin, lieber Leser, ganz sicher liebst du Hunde und fühlst dich auf irgendeine Art seelisch mit ihnen verbunden. Das freut mich sehr, und ich möchte dir dafür danken, dass du dieses Büchlein in den Händen hältst.

Vielleicht erwartest du nun lustige, rührende Geschichten über Hunde und ihre Menschen, Texte, die dich fröhlich stimmen und zum Lachen bringen. Zwar ist es meine tiefe Absicht und mir eine Herzensangelegenheit, Zuversicht, Heilung sowie ein bewussteres Handeln und dadurch mehr Freude für Hunde und ihre Menschen auf diesen Planeten zu bringen, aber ganz so einfach ist es manchmal nicht – zumindest, wenn man nicht nur an der Oberfläche kratzen, sondern tief greifende Veränderungen herbeiführen will. Glaube mir, ich kenne kaum jemanden mit einem derart starken Optimismus, wie ich ihn besitze, und einem innigeren Wunsch, in dieser Welt positive Spuren zu hinterlassen. Doch die Realität, die ich im Bezug auf manche Hunde und ihre Menschen wahrnehme und in den vielen Jahren als ehrenamtliche Ausführerin im Tierheim erlebt habe, ist angesichts der bedingungslos

liebenden Hunde zwar herzberührend, bezogen auf das Verhalten der Menschen jedoch nicht immer leicht zu akzeptieren und alles andere als erfreulich. Manchmal lässt mich nur mein fester Glaube daran, dass alles, was geschieht, in irgendeiner Form einem höheren Sinn dient, weitermachen. Trotzdem sollen meine Geschichten den Menschen kein schlechtes Gewissen machen. Ganz im Gegenteil: Sie sollen uns allen helfen, das Leben mit unseren geliebten Tieren bewusster wahrzunehmen. Ich besitze einen unerschütterlichen Glauben an das Gute in dieser Welt und werde nicht aufhören, diesen zu verbreiten.

»Hunde sind nicht unser ganzes Leben, aber sie machen unser Leben ganz.«

(Roger A. Caras, amerikanischer Autor und Fotograf, 1928–2001)

»Gib dem Menschen einen Hund, und seine Seele wird gesund.«

(Hildegard von Bingen, deutsche Universalgelehrte, 1098–1179)

»Egal, wie wenig Geld und Besitz du hast, einen Hund zu haben, macht dich reich!«*

(Louis Sabin, amerikanischer Autor, *1930)

Diese und weitere Zitate berühmter Persönlichkeiten halten uns die großen Aufgaben, mit denen ein domestizierter Hund auf diese Welt kommt, deutlich vor Augen. Der Hund als Seelentröster – so war es früher, und so ist es heute. Der Hund als Bewusstmacher der eigenen Wünsche, die im Alltagschaos untergegangen sind. Der Hund als Spiegel für nicht gelebte Gefühle und als Wegweiser in die lichtvolle Natur, wenn es um den Menschen herum dunkel geworden ist. Für die Hunde ist es nicht immer einfach, doch sie gehen gern den Weg an unserer Seite, auch wenn er steinig ist. Der Rest der Tierwelt belächelt sie für diese Verbundenheit mit den Menschen, was ich gut nachvollziehen kann.**

Ich bin davon überzeugt, dass in jedem Menschen ein liebender Funke steckt, der nur darauf wartet, entfacht zu werden. Kraftvolle, gute Seelenanteile, die für uns im Außen aufgrund von Verletzungen und Vermeidungsstrategien nicht gut erkennbar

---

* Alle drei Zitate: www.ahk-rastatt.de (Stand: 08.05.2018).

** Siehe: Storl, Dr. Wolf-Dieter: Streifzüge am Rande Midgards – Geschichten aus meinem Leben, KOHA Verlag 2014.

sind. Hunde nehmen ihre Bezugspersonen auf einer anderen, emotionalen Ebene wahr – bedingungslos liebend.

Unser Leben ist nicht immer leicht, manchmal müssen wir anstrengende Herausforderungen meistern und gelangen an unsere Grenzen. Dein Hund begleitet dich und trägt dich immer ein Stück weiter. Er ist Stütze, Engel und Clown – einfach wundervoll! Erweise ihm die Wertschätzung, die er verdient. Achte ihn und seine Bedürfnisse, und sei sein bester Freund.

Für mich ist das Schreiben ein Medium, durch das ich mich nicht nur am besten ausdrücken, sondern auch traurige Erlebnisse mit Tieren und belastende Gefühle verarbeiten kann. Das Aneinanderreihen von Worten ist für mich wie das Öffnen eines Herzensventils und die beste Therapie. Ich hoffe, dich mit meinen Geschichten zum Nachdenken anzuregen und deine Seele zu berühren.

Vielleicht wirst du Hunde in Zukunft besser verstehen und mit anderen Augen sehen können. Das wäre mein größter Wunsch.

In herzlicher Verbundenheit

Susanne

Der GLÜCKLICHSTE Hund der WELT

Es ist bereits fünf Jahre her, dass du mich vor einem jämmerlichen Schicksal bewahrt und mit nach Hause genommen hast, obwohl du wusstest, dass es nicht einfach werden würde. Ohne Vorankündigung trampelte ich in dein strukturiertes Leben … und schlich mich leise in dein Herz.

Du warst jung, beziehungsmüde, voll berufstätig und gerade erst in deine kleine Wohnung eingezogen. Das Letzte, was zu dir und deinem Leben passte, war ein ungestümer Hund, wie ich es war. Doch du konntest den Gedanken nicht ertragen, dass deine Nachbarn mich ins Tierheim bringen würden.

Es war Februar und bitterkalt. Ich war zu diesem Zeitpunkt erst acht Monate alt, doch auch nicht mehr der kleine, süße Schäferhundwelpe, den sich die Nachbarn für die Kinder und zur Abrundung des Familienbildes angeschafft hatten. Haus, Garten, Bildung – all das war dort vorhanden. Doch wie so oft mangelte es an Zeit und Geduld für die Hundeerziehung sowie an der nötigen Herzenswärme und Empathie.

Statt nach Lösungen zu suchen und Chancen zu nutzen, konzentrierten sich meine früheren Besitzer auf die Probleme, die ich ihnen bereitete, sodass am Ende nur noch meine Abgabe als die einzig vernünftige Möglichkeit der Problembewältigung übrig blieb.

Du überlegtest gar nicht lange. Zusehen, wie sie mich in ein Tierheim brächten? Niemals!

Du übernahmst die Verantwortung, und die Konsequenzen waren und sind nicht immer leicht für dich zu tragen. Doch die Herausforderungen haben dich stark gemacht, und aus der Raupe ist ein wunderschöner Schmetterling geworden – selbstbewusst, stark und glücklich.

Ich möchte dir hier und jetzt sagen: Höre auf damit, dich mit dem Gedanken zu quälen, du könntest mir nicht gerecht werden. Ich liebe dich über alles und

bin froh über jede Minute, die ich mit dir verbringen darf. Unsere gemeinsamen Stunden in der Natur sind das Größte für mich, und die Trainings- und Spieleinheiten mit dir machen mir riesig viel Freude. Trotzdem erzählst du deinen Freunden immerzu, du hättest mir gegenüber ein schlechtes Gewissen. Meine geliebte Freundin, betrachte die Dinge doch einmal von einem anderen Standpunkt aus:
Ich *muss* in der Mittagspause nicht schnell mit dir um den Häuserblock laufen, bevor du wieder eilig zurück ins Büro fährst. Sondern: Ich *darf* sogar mittags für einige Minuten an deiner Seite sein, in Ruhe mein Geschäft erledigen und sogar noch ein wenig mit dir Ball spielen, bevor ich eine tolle Mahlzeit bekomme, um anschließend glücklich einen Mittagsschlaf zu halten und bis zum Nachmittag auf dich zu warten.
Ich *muss* auch nicht bedauernswerterweise immer in derselben Gegend mit dir unterwegs sein, weil ich nicht gern Auto fahre und wir unsere Spaziergänge deswegen nicht woanders unternehmen können. Sondern: Ich *darf* Tag für Tag wunderschöne Momente an deiner Seite erleben. Ich kenne jede Blume und sämtliche Pferde auf den Koppeln unseres Dorfes, und ich kann mir nichts Schöneres vorstellen.

Ich bin auch kein armer Hund, der weder einen Hundefreund noch eine männliche Bezugsperson an seiner Seite hat. Ich *muss* nicht allein mit dir zusammenleben, ich *darf* es. Du bist mein Lebensinhalt, mein größtes Geschenk, und ich liebe dich unendlich. Wenn du glücklich bist, bin ich es auch. Du bereitest mir ein Leben, das ich mir besser nicht vorstellen könnte. Wenn du dich eines Tages verliebst, werden sich sicher ein paar Dinge verändern. Aber wir werden immer zusammengehören, und ich werde dich bis zu meinem letzten Atemzug über alles lieben. Genau so, wie du bist!

Der ALIBIHUND

Irgendwann, lange bevor ich angeschafft wurde, habt ihr aufgehört, miteinander zu leben. Nichts fand mehr zwischen euch statt: keine Gespräche, keine Berührungen. Jeder führte sein eigenes Dasein – wie in einer Wohngemeinschaft. Ihr hattet keine Kinder. Es sollte wohl nicht sein.

Und doch hielt euch irgendetwas zusammen. Was war es? Die Gewohnheit? Der Komfort? Die Kraftlosigkeit? Die Angst vor dem Alleinsein? Bedenken, allein nicht klarzukommen? Wie würde die Außenwelt reagieren? Die Familie, die Gesellschaft? Was wäre mit der Villa, die gerade erst so umfangreich renoviert worden war?

Für dich, liebe Freundin, hatte er ein Zimmer ganz nach deinen Wünschen eingerichtet. In deinen Lieblingsfarben und mit Möbeln deiner Wahl. Außerdem befanden sich eine gemütliche Liege und eine kleine, moderne Stereoanlage darin. Ein Zimmer ganz für dich allein – zum Entspannen. Aber wovon? Du hattest eigentlich keinen Stress. Früher warst du eine leidenschaftliche Fotografin – doch seit Jahren schon war deine Kreativität blockiert. Es gab nichts mehr, was dich inspirierte. Er hatte dir ein teures Auto gekauft, einen kleinen Flitzer mit aufklappbarem Dach und Türen, die sich per Fernbedienung öffnen ließen, damit du überall hinfahren konntest. Aber wohin? Du gingst nur ganz selten aus dem Haus. Die neue Küche hatte ein Vermögen gekostet. Sie war komplett ausgestattet mit den neuesten Elektrogeräten, damit du immer etwas Schönes kochen konntest. Aber für wen? Ihr saßt nie gemeinsam am Tisch, bei Kerzenschein, mit einem Glas Wein und einem guten Essen, euch gegenseitig anlächelnd und glücklich darüber, euch gefunden zu haben. Deine Mahlzeiten bestanden nicht selten aus einem Schokoriegel und einem Glas Cognac, während er fast immer geschäftlich unterwegs war. Der Wellnessurlaub in den Bergen, den er dir geschenkt hatte, war für dich eine Qual. All die vielen fremden Menschen mit ihren glücklichen Gesichtern. Die Berge engten dich ein, du sehntest dich nach der Weite des Ozeans. Nach nur fünf Tagen fuhrst du wieder heim. Eigentlich solltest du etwas Gutes für dich tun. Aber wie, wenn du dich selbst nicht liebtest?

Dann kam Weihnachten. Um möglichst schnell wieder bei seiner Geliebten sein zu können, kam er auf eine seiner Meinung nach großartige Idee: Während seiner Mittagspause kaufte er mich in einer Art Hundesupermarkt, denn alles musste ganz schnell gehen. Du solltest Gesellschaft haben, etwas zum Liebhaben, damit er kein schlechtes Gewissen mehr haben musste. Aber wie sollte das gehen, wenn du nur Leere in dir hattest? Wenn du nichts mehr spürtest, am wenigsten dich selbst?

Was war aus dem Traum vom Glück geworden? Was alles war in den vielen Jahren auf der Strecke geblieben, und wo waren die Gefühle hin? Sie mussten doch irgendwo sein!

Als ich zu euch kam, ging es mir nicht gut. Bevor ich nach Deutschland verfrachtet wurde, hatte man mich viel zu früh meiner Mutter entrissen. Ich musste sie weinend in einem kalten, dreckigen Verschlag zurücklassen. Nach einer langen Fahrt in einem dunklen Lastwagen wurde ich mit ein paar von meinen Geschwistern in einen Glaskasten gesteckt. Täglich gingen Menschen daran vorbei, Kinder freuten sich, wenn sie mich sahen, aber mir war gar nicht zum Lachen zumute. Ich war unglücklich.

Dann kam er. Er nahm mich mit in eure Villa mit dem großen Garten. Alles war sauber, und meine Decken waren weich und kuschelig. Das war schön! Ich freute mich so sehr, dich zu sehen. Ich machte vor Aufregung auf euren teuren Teppich im Wohnzimmer. Er meckerte ein bisschen herum, war aber nicht lange böse auf mich. Ich brachte dir Spielzeug, leckte deine Hände, knabberte an deinen Füßen und versuchte, dich zum Spielen zu animieren. Aber du konntest nicht.

Dich umgaben dunkle Wolken – ich konnte sie sehen.

Das jahrelange Schweigen und das unausgesprochene Leid hatten sich um dein Herz gelegt wie eine Mauer mit Stacheldraht – ich konnte sie fühlen.

Deine Angst – ich konnte sie riechen.

Die innere Leere – ich konnte sie nicht ausfüllen.

Im Alter von vier Jahren bekam ich die ersten heftigen Anfälle. Sie rissen dich wie ein Elektroschock aus deiner Apathie. Deine Schutzmauer begann zu bröckeln. Für kurze Zeit konntest du so etwas wie Sorge empfinden. Ich habe deine Aufmerksamkeit, während du mich in eine Wolldecke gehüllt hast, sehr genossen. Auch deine Hand auf meinem Kopf, wenn die Anfälle vorbei waren.

Meine Epilepsie bereitete dir Stress. Du begannst, dein Entspannungszimmer zu nutzen, um dich von den Anstrengungen zu erholen. Begleitet von leiser Musik machtest du Atemübungen. Du atmetest tief in dein Herz und deine Seele hinein, und mit dem Ausatmen konntest du die Sorgen ein Stück weit gehen lassen. Du wiederholtest das mehrmals am Tag. Das Atmen tat dir gut. Danach waren die dunklen Wolken für eine Zeit lang viel heller.

Wenn einer meiner Anfälle zu heftig war, nahmst du mich auf den Arm und ranntest zu deinem Auto. Gott sei Dank öffneten sich die Türen automatisch, denn wir durften keine Zeit verlieren. So schnell du konntest, fuhrst du mit mir in die Klinik. Einmal war es fast zu spät. Als der Arzt zu dir sagte, ich hätte noch einmal großes Glück gehabt, weintest du bitterlich – vor Freude und Erleichterung. Das war das erste Mal nach langer, langer Zeit, dass du Tränen zulassen konntest. Es war wie eine Neugeburt.

Du begannst, mein Essen selbst zuzubereiten. Endlich wurden sie genutzt: die Schüsseln, Messer und Küchengeräte. Es bereitete dir richtig Freude. Und mir auch. Am schönsten war es für mich, als du nach ein paar Monaten damit anfingst, auch für dich selbst Essen zu kochen. Du hattest einen Kochkurs gebucht und dich jeden Montagabend sehr darauf gefreut. Die Kursleiterin sei so nett, erzähltest du mir. Ich bemerkte einen Ausdruck in deinem Gesicht, den ich dort noch nie zuvor gesehen hatte, und spürte deine Glückshormone. Auf deinem Teller lagen auf einmal viele leckere und liebevoll zubereitete Sachen. Deine Wangen begannen, ihre Farbe zu verändern, und deine Augen strahlten.

Den nächsten Urlaub verbrachten wir gemeinsam am Meer. Wir wohnten in einer gemütlichen Holzhütte mit Kamin und Blick auf die Brandung – du, deine neue Lebensgefährtin und ich. Wir waren unbeschreiblich glücklich.

Zwei Jahre, nachdem du ihn verlassen und dein eigenes Fotostudio eröffnet hattest, schlief ich nachts nach einem ganz leichten Anfall friedlich ein – mit einem Lächeln im Gesicht.
Es macht mich so glücklich, meine liebste Freundin, dass ich dich ein Stück deines Weg begleiten durfte – auch wenn es nicht immer einfach war.
Ich durfte deine innere Mauer einreißen, sodass sich dein Herz wieder mit positiven Gefühlen wie Zuneigung, Freude und Zuversicht füllen konnte und du dich selbst wieder wahrnehmen und die Endlosschleife der Kraftlosigkeit durchbrechen konntest. Ich habe es gern getan – für dich!
Ich wünsche dir noch viele wunderschöne Jahre, meine geliebte Freundin – bis wir uns irgendwann einmal auf der anderen Seite des Horizonts wiedersehen.

Der ALLERGIEHUND

Euphorisch und aus dem Stand heraus sprang ich auf den Rücken eines Schafes, um es zu begrenzen. Dann lief ich bellend am Rande der Schafherde hin und her, um sie auf einen Berg zu treiben. Es fühlte sich herrlich an, so unbeschreiblich richtig – als wäre ich genau dafür auf die Welt gekommen. Einfach wunderbar! Wenn ich bei meiner Herde war, wusste ich genau, was als Nächstes zu tun war. Es war ein Instinkt, ein Trieb. Ich konnte es nicht kontrollieren, es geschah einfach. Und es machte mich unsagbar glücklich. Diese endlose Weite der Landschaft, meine Arbeit, das glückliche Gesicht meines Menschen, der sich stets in der Nähe

der Herde aufhielt und mir seine Anweisungen gab.

Plötzlich spürte ich einen dumpfen Schlag auf meinem Schädel. Ich erschrak und riss die Augen auf. Der wunderschöne Traum war zu Ende. Eine Kinderhand tätschelte meinen Kopf. Es war deine Hand, mein kleiner Freund. Du warst dir sicher, deine heftigen Berührungen würden mir gefallen, denn niemand hatte es dir jemals anders erklärt. Erst als du mit deinen Liebkosungen nicht aufhörtest, zog ich meinen Kopf ganz leicht zurück und verkroch mich unter deinem Bett.

Ich hatte dich vom ersten Augenblick an aus tiefstem Herzen geliebt, denn ich konnte deine Wärme spüren. Neben dir gab es in dem Rudel, in dem ich lebte, noch zwei weitere Kinder, außerdem zwei Erwachsene, einen Mann und eine Frau, deine Eltern. Beide gingen tagsüber einer Arbeit nach. Dein Vater verließ bereits ganz früh morgens die Wohnung und kam erst abends zurück, wenn ich meinen kurzen Abendspaziergang schon hinter mir hatte. Dein älterer Bruder ging in die sechste Klasse. Deine Schwester wurde langsam pubertär – so jedenfalls hörte man es öfter von deiner Mutter, wenn deine Schwester wieder einmal sehr zickig war und man ihr nichts recht machen konnte. In solchen Momenten war ich immer ziemlich verwirrt, denn ich wusste dann nicht mehr, wer in unserer Familie der Rudelführer war. Dein Vater jedenfalls nicht, der wollte abends immer nur seine Ruhe haben. Er mochte mich zwar auf seine eigene Art, aber mehr als Zuneigung aus der Ferne konnte er mir nicht geben. Mal ein Augenzwinkern oder ein Lob, das war alles. Liebkosungen bekam ich nur von dir, mein Kleiner. Und die taten halt manchmal ein bisschen weh.

Die Morgenrunde um den Häuserblock ging ich mit deiner Mutter, sobald du im Kindergarten warst und deine Geschwister in der Schule waren. Manchmal erst um 9 Uhr – bis dahin musste ich meist ganz dringend mein Geschäft erledigen. Aber ich legte mich dann ruhig in eine Ecke und ließ mir die Schmerzen in der Blase nicht anmerken. Mittags musste einer von euch Jungs mit mir um den Block laufen, weil eure Mutter dann meist noch arbeiten war. Abends ging deine Schwester dann ein paar Meter mit mir die Straße entlang, rechts und links Knöpfe im Ohr, den Blick auf ihr Smartphone gerichtet. Für mich interessierte sie sich nicht mehr. Vor zwei Jahren, als ich als Welpe zu euch gekommen war, hatte sie mich noch süß gefunden. Nach der Abendrunde ging niemand mehr mit mir vor die Tür, denn deine Mutter musste sich meist um die Wäsche kümmern, dein Vater war zu müde, und deine Geschwister hatte keine Lust dazu. Einer schob dem anderen die Pflicht zu – lautstark, und am Ende musste ich den Druck bis zum nächsten Morgen aushalten. Offensichtlich war ich zu einer Last geworden.

Du, mein kleiner Freund, lagst dann meist schon träumend im Bett und bekamst von diesem traurigen Schauspiel nichts mit. Sicherlich hättest du es auch nicht verstanden. Ich konnte spüren, dass du meinen Sprung auf dein Bett und mein flauschiges Fell an deinen zarten Kinderbeine kaum erwarten konntest, obwohl du bereits schliefst.

Als deine Mutter an einem Sonntag beim Mittagessen den Vorschlag machte, mich zu verkaufen oder ins Tierheim zu bringen, gab es einen großen Aufruhr bei den anderen Rudelmitgliedern. Nein, das wollte niemand. Ich gehörte doch zur Familie! Sie sprach davon, total überfordert zu sein, niemand würde ihr helfen, und ich bräuchte doch eigentlich viel mehr Auslauf und Beschäftigung. Als Border

Collie würde ich normalerweise Schafe hüten und kilometerweit rennen.

Alle widersprachen ihr. Deine Schwester, die mich während der kurzen Spaziergänge keines Blickes würdigte, rastete völlig aus und beschimpfte deine Mutter. Dein Vater, der regelmäßig meinen Namen vergaß, schnappte sich kopfschüttelnd seine Zigaretten und ging auf den Balkon. Und auch dein Bruder, der mich einige Wochen zuvor fast hat verdursten lassen, als er ein Wochenende auf mich aufpassen sollte, tat so, als wäre er über den Vorschlag deiner Mutter außer sich. Dabei hatte er sich nicht ein einziges Mal auch nur eine Minute lang freiwillig mit mir beschäftigt. Lieber saß er mehrere Stunden am Tag vor seinem Bildschirm und erschoss virtuelle Feinde. Nur du, der kleine Junge am Ende des Tisches, nicktest. Du wusstest, dass sie recht hatte.

Viele Wochen vergingen, und nichts in meinem Leben verbesserte sich. Ich wurde immer unglücklicher, nahm an Gewicht zu, fühlte mich gelangweilt, energielos und müde. Der Zustand meines Rudels geriet mehr und mehr außer Kontrolle. Manchmal hatte ich den Impuls, eingreifen und die Führung übernehmen zu müssen. Dann stellte ich mich bellend zwischen deine Schwester und deine Mutter. Sie erschraken, glaubten, ich sei böse, dabei wollte ich nur helfen. Der Unmut mir gegenüber wuchs. Doch niemand traf eine Entscheidung.

Die Monate zogen ins Land, und ich konnte dein immer größer werdendes Leid deutlich wahrnehmen. Manchmal weintest du leise, wenn du mir den Kopf streicheltest. Deine Berührungen waren sanfter geworden. Ich war sicher, dass du meine Traurigkeit spüren konntest. »Wie soll ich dir helfen?«, fragtest du mich manchmal, und ich leckte dir die Tränen aus dem Gesicht. In deinem Arm liegend schlief ich ein und fühlte mich geborgen. Für ein paar Stunden waren wir glücklich.

Einige Tage später begannst du, dich zu kratzen. Erst nur ein wenig, dann immer heftiger. Kleine rote Pusteln, verteilt am ganzen Körper, raubten dir den Schlaf. Hinzu kamen starke Hustenanfälle. Es wurde von Tag zu Tag schlimmer. »Allergisches Asthma«, sagte der Kinderarzt, »es ist eine Tierhaarallergie.« Umgehend wurde ich in das örtliche Tierheim gebracht – nun ging es nicht mehr anders.

Heute liege ich glücklich in dem großen Garten meines neuen Rudels und denke an die ersten Jahre meines Lebens zurück. Ein anderer Hund wälzt sich nur wenige Meter von mir entfernt im Gras. Unsere Menschen sind bereits erwachsen und haben viel Zeit für uns. Sie sind heute über zwei Stunden mit uns gewandert, und wir durften anschließend in einem See baden. Jetzt ruhe ich mich aus und genieße die Sonnenstrahlen. Glücklich denke ich an dich zurück, kleiner Mann. Du hast es als Einziger geschafft, eine Entscheidung zu treffen. Aus Liebe zu deinem Rudel und aus Liebe zu mir.
Ich lege den Kopf auf meine Pfoten und atme leise schnaufend aus. Vielen Dank, mein lieber Freund!

Der ZUSAMMEN-FÜHRUNGSHUND

Meine kleinen Pfoten umklammern den frischen Rinderknochen wie eine Beute, während meine Zunge genüsslich das Blut ableckt, das an den Fleischfetzen klebt. Du hast ihn mitgebracht, als du heute Morgen beim Metzger Wurst, Käse und Brötchen eingekauft hast. Das gemeinsame Frühstück dauerte zwei Stunden, und es gab sogar frisch gepressten Orangensaft für deine Enkeltochter, mit der du nun auf dem Sofa sitzt, um ihr aus einem Märchenbuch vorzulesen. Du siehst glücklich aus, alter Mann, das kleine Mädchen auf dem Schoß, die Brille auf der Nasenspitze. Ich liege auf einem Teppich vor dem Kamin und freue mich über das, was ich sehe. In deiner Wohnung riecht es nach frischen Brötchen und Kaffee.

Unser Familienleben war nicht immer so harmonisch, denn vor einigen Jahren hattest du dich mit deiner Tochter verkracht, weil sie deiner Meinung nach viel zu früh schwanger geworden war. Damals hast du ihr schwere Vorwürfe gemacht, wie man in eine so schlechte Welt ein Kind setzen könne. Ich erinnere mich noch genau an den verbitterten, alten Mann …

Als du zum Züchter kamst, um mich abzuholen, sahst du wie ein ganz normaler Rentner aus: ein älterer Mann mit einer harten Schale und einem weichen Kern, der seinen Lebensabend gern mit einem Rauhaardackel verbringen wollte. Ich fand dich nicht übermäßig sympathisch, obwohl du dich freundlich mit dem Züchter unterhieltest. Deine Gesichtszüge erzählten von einem bewegten Leben, das nicht immer einfach gewesen war. Du hattest sicher schon viele Sorgen, vielleicht auch Kummer erlebt. Irgendwie mochte ich dich, auch wenn ich dich etwas merkwürdig fand. Und als du mich in deine kleine Hundebox setztest, fand ich das okay. Sicher würdest du viel mit mir unterwegs sein, denn du hattest ja Zeit.

Und so war es auch. Wir unternahmen täglich Spaziergänge. In der Hundeschule lernte ich Kommandos, und im Wald durfte ich auch schon mal über die Lichtungen sausen. Dein kleiner Garten war perfekt für ein wenig Auslauf zwischendurch. Während du die Hecke schnittst oder Unkraut zupftest, sah ich nach dem Rechten, jagte Mäuse und verfolgte Igelfährten. Wir waren von Anfang an ein gutes Team. Trotzdem begann ich irgendwann, mir Sorgen zu machen.

Ein paar Monate waren vergangen, doch niemand war je gekommen, um dich zu besuchen. Auf der Anrichte im Flur standen eingerahmte Fotos, aber ich hatte von diesen Menschen noch keinen zu Gesicht bekommen. Ein Hochzeitsbild in vergilbten Brauntönen – ich war mir sicher, dass du der junge Mann darauf warst, vor langer Zeit. Die Frau auf dem Bild gefiel mir gut, aber ich wusste nicht, wo sie war. Die beiden anderen Bilder zeigten deine Tochter, als sie noch ein kleines Mädchen war und später als Teenager. Heute weiß ich das alles, aber damals fragte ich mich, wo diese Menschen wohl leben würden, dass wir sie nie zu Gesicht bekamen. Vielleicht waren sie ja ausgewandert, und du warst so wortkarg, weil du sie vermisstest.

Ich liebte dich von Anfang an, so, wie du warst. Auch wenn sich deine Liebkosungen mir gegenüber in Grenzen hielten. Ich war mir sicher, dass du ein guter Kerl mit einem großen Herzen warst. Aber irgendetwas hatte in deiner Seele Narben hinterlassen. Ich wusste nur noch nicht, was es war.

Ich hielt mich am liebsten draußen unter freiem Himmel auf. Dort konnte ich die frische Luft genießen und die Insekten beim Fliegen beobachten. Früher rauchtest du Zigarren. Die stanken furchtbar und hatten alles in der Wohnung gelb gefärbt, auch die Fenster. Doch du wolltest nur ganz selten lüften. »Das Öl ist so teuer«, meckertest du vor dich hin. Auch beim Zeitunglesen führtest du Selbstgespräche, und deine Laune wurde immer schlechter, je mehr du darin last. »Jeder bekommt Geld vom Staat, nur ich nicht«, flüstertest du dann manchmal. Schlimmer noch war es aber beim Fernsehen. Du ließt keine Nachrichtensendung oder Talkshow aus, obwohl es dir anschließend gar nicht gut ging und du dann deine Blutdrucktabletten nehmen musstest. In deinem Kopf kreisten dunkle Gedanken. All die schönen Bücher in deinem Regal nahmst du nur beim Putzen in die Hand, was vielleicht einmal im Jahr der Fall war. Zum Lesen warst du zu unruhig. Stille machte dir Angst, denn dann kamen unerwünschte Gefühle hoch – und Fragen, die nach Antworten verlangten.

Es tat mir leid, dich so unzufrieden und leidend zu sehen. Eine schwere Last lag auf deinen Schultern, und auch die Massagen, die der Arzt dir jede Woche verschrieb, brachten nur kurzzeitig Besserung. »Um uns kümmert sich keiner«, stelltest du manchmal vorwurfsvoll fest, »wir müssen selbst sehen, wie wir klarkommen.« Mich irritierten deine Äußerungen. Wir kamen doch hervorragend klar, es fehlte uns an nichts. Du musstest keinen Hunger leiden, und ein paar Flaschen Bier am Abend waren auch noch drin. Ich bekam jeden Tag mein Lieblingsfutter. Ein Dach über dem Kopf, ein warmes Bett und fließendes Wasser hatten wir auch. Was also war denn nun eigentlich wirklich dein Problem? Warst du so unglücklich, weil niemand kam? All die Menschen in den Fotoalben, die du dir manchmal ansahst, wo waren die nur? Und wo war deine Freude am Leben geblieben?

Eines Nachts hatte ich einen wunderbaren Traum. Als ich aufwachte, wusste ich, dass es ein ganz besonderer Tag werden würde. Gemeinsam würden wir einen langen Spaziergang durch die Stadt unternehmen, und ich würde dir all die Dinge zeigen, von denen ich dir ja nicht erzählen konnte, weil wir unterschiedliche Sprachen sprechen. Ich wollte so gern dein Herz berühren, deine Seele wachrütteln, dir bewusst machen, wie gut es uns ging und dass wir uns jeden Tag neu für ein Leben in Freude entscheiden konnten. Ich war schon immer ein sturer Hund, und diese Eigenschaft gefiel dir an mir. Sicher würdest du dich von mir ohne Widerspruch in die Richtungen leiten lassen, die ich an diesem Tag für uns beide ausgesucht hatte.

Und so war es auch. Nach einem kleinen Nickerchen in der Mittagszeit gingst du in den Flur und nahmst deinen Mantel von der vergilbten Garderobe. Ich freute mich, hüpfte wie ein Wiesel umher und zog die Hundeleine von der Anrichte. »Was ist denn mit dir los, kleiner Mann?«, wolltest du wissen und zogst mir ein Regenmäntelchen an. Ich strahlte, konnte es kaum abwarten. Die Haustür öffnete sich. Draußen erwartete uns ein grauer, regnerischer Tag, feucht und kalt. Du warst etwas misstrauisch, weil ich an solchen Tagen eigentlich meinen warmen Platz am Kamin bevorzugte. Doch an diesem Septembertag war alles anders.

Unser erstes Ziel war ein kleiner Park hinter dem Bahnhof. Von unserem Zechenhäuschen aus war es ein etwa zehnminütiger Marsch, der direkt hinter den Schienen endete. Auf der gegenüberliegenden Seite lagen die Bahngleise. Menschen standen herum oder saßen auf den Bänken: Wartende – ob auf einen Zug, einen Dealer oder auf das Glück, konnte man nur erahnen. Du wolltest schnell weitergehen, denn der kalte Regen schlug dir vor die Stirn. Ich blieb jedoch stehen und wollte, dass du genau hinschaust: in die Gesichter der jungen Menschen – trostlose, einsame Gesichter von Mädchen und Jungen, die ihr Leben noch vor sich hatten, aber genau das schien ihr Problem zu sein. Abgelehnt, abgebrannt, drogensüchtig standen sie im kalten Regen und warteten auf bessere Zeiten. Ich wollte, dass dir klar wird, wie glücklich du darüber sein konntest, dass deine Tochter nie die richtige Ausfahrt verpasst hatte. Sie war ein ganz normaler Teenager gewesen, chaotisch, frech und mit sich und der Welt im

Reinen, obwohl du bereits als junger Vater etwas reizbar und nicht immer verständnisvoll gewesen warst. Du hattest deine Tochter nie richtig wertschätzen können, warst selbst ein Kriegskind mit verletzter Seele. Deine Werte waren völlig andere als die der darauffolgenden Generation gewesen. Jetzt erst wurde dir bewusst, wie dankbar du hättest sein sollen.

Wir verharrten noch ein paar Minuten, den Blick auf die Menschen gerichtet. Dann senkte sich dein Kopf in Demut, und wir setzten unseren Spaziergang fort. Er führte uns durch den Stadtpark. Wo sonst Kinder mit Bällen spielten und Paare in inniger Umarmung auf den Bänken saßen, war es heute menschenleer. Der Regen prasselte herunter, die Kälte kroch uns beißend in die Glieder. »Was sollen wir hier?«, fragtest du verständnislos, die Hände in den Manteltaschen, die Kapuze bis über die Augen gezogen. Ich zog immer weiter in eine bestimmte Richtung, denn ich wusste: Dort hinten, unter dem Wellblechdach, würden sie stehen. So, wie jeden Tag, bei Wind und Wetter. Ein anderes Zuhause hatten sie nicht. Schließlich konnte ich sie sehen. Eigentlich wollte ich mit einigem Abstand zu ihnen stehen bleiben. Als ich jedoch den unwiderstehlichen Duft einer läufigen Hündin wahrnahm, zog ich dich direkt zu den obdachlosen Menschen unter das Wellblechdach. Noch ehe du dich orientieren konntest, standest du mitten unter ihnen: den Männern und Frauen in ihren alten, dreckigen Kleidern, seit Wochen ungewaschen, manche mit Schnapsflaschen in den Händen, andere mit Essensresten, die sie im Müll gefunden hatten. Freundlich bot dir einer von ihnen einen Schluck aus seiner Flasche an. Etwas erschrocken nahmst du sein Angebot an. Eine Frau kniete sich zu mir herunter und kraulte meine Ohren. Sie war noch gar nicht alt, vielleicht Ende zwanzig. Was wohl mit ihnen geschehen war, dass es so weit kommen musste? Es war traurig und faszinierend zugleich. Traurig, weil jeder Mensch ein schöneres Leben verdient hatte, und faszinierend, weil sie trotz allem zufrieden zu sein schienen, ja, vielleicht sogar auf irgendeine Art glücklich. Diese Menschen hatten immer noch einander und konnten sich gegenseitig Mut zusprechen. Und sie hatten das Wellblechdach, das sie vor dem kalten

Regen schützte. Während ich die Schnauze der läufigen Hündin leckte, standest du einfach nur da – regungslos, mit beschämten Gesichtsausdruck. Wieder wurde dir bewusst, wie dankbar du hättest sein sollen.

Der Himmel lichtete sich, und der Regen ließ nach. Wir verabschiedeten uns und setzten unseren Weg fort. Als wir das Krankenhaus passierten, hieltest du für einen Moment lang inne. Noch immer waren deine Erinnerungen daran präsent, als deine geliebte Frau vor etwa sieben Jahre dort eingeliefert worden war. Sie war einfach in der Küche umgefallen – und nie wieder aufgewacht. Mit gerade einmal sechzig Jahren. An diesem Tag war die Zeit für dich stehen geblieben. Der Schmerz war noch immer fühlbar.

Bis zu jenem schicksalhaften Tag war alles in deinem Leben ziemlich normal verlaufen. Die Familie hielt zusammen, man verbrachte regelmäßig Zeit miteinander, hatte viele Gemeinsamkeiten und raufte sich zusammen, wenn die Meinungen auseinandergingen. Der Tod deiner Frau zerriss dir das Herz und machte aus dir einen gebrochenen Mann – verbittert und in Selbstmitleid zerfließend. Alles wurde so schwer, so sinnlos. Die Welt erschien dir auf einmal schlecht und ungerecht. Die Erinnerung an diesen Tag trieb dir die Tränen in die Augen.

Unsere Blicke schweiften über den Vorplatz des Krankenhauses, auf dem Patienten spazieren gingen oder in der Sonne saßen. Von schwerer Krankheit gezeichnete Menschen, die keine Haare mehr besaßen, Kinder mit aufgedunsenen Gesichtern, ihren Tropf hinter sich herziehend. Junge Frauen, die ihre Babys verloren hatten, Dreißigjährige mit Hodenkrebs und Jugendliche, die bereits am Gehirn operiert worden waren und seit Monaten ihr Dasein in diesem trostlosen Gebäude fristen mussten.

Wir setzten uns auf eine Bank, und du nahmst einen tiefen Atemzug. Auf einmal war deine Traurigkeit wie weggeblasen. Der Verlust deiner Frau war ein Schock für dich gewesen und hatte dich in tiefe Trauer versetzt. Doch sie war sechzig Jahre alt geworden, viel älter als die meisten anderen Menschen auf dieser Welt werden. Und sie hatte nicht eine einzige Sekunde lang leiden müssen – was für ein Glück im Vergleich zu vielen anderen Schicksalen. Darüber wolltest du den Rest deines Lebens traurig sein?

Es wurde hell, die Sonne durchbrach die grauen Wolken, und ein Lichtstrahl blendete uns. Du atmetest die Wärme tief in dein Herz hinein. Dein Gesicht veränderte sich – ich konnte es sehen. Endlich wurde dir bewusst, wie dankbar du auch dafür hättest sein können, dass sie so lange bei dir sein durfte.

Einige Kilometer lagen bereits hinter uns, ebenso viele Emotionen. Ich verspürte ein leichtes Hungergefühl, sicher war es bereits später Nachmittag. Doch der Weg zurück zu unserem Haus sollte noch einen Bogen über den Friedhof machen. Dort konnte man mit etwas Glück den einen oder anderen Artgenossen treffen. Er kam mir manchmal wie eine Parkanlage vor, bunt und wild bewachsen – gar kein so trauriger Ort. Mal schauen, wer uns über den Weg läuft, dachte ich voller Vorfreude. Du grüßtest deine Mitmenschen zwar stets einigermaßen nett, warst aber schon seit Jahren mit keinem von ihnen ins Gespräch gekommen. Dabei begegnete man auf dem Friedhof vielen gut aussehenden älteren Damen, alleinstehend und in der Gesellschaft von netten Hündinnen. Vielleicht würdest du dich ja noch einmal verlieben – eines Tages, falls du dein Herz wieder öffnen könntest. Den Gedanken fand ich sehr schön, und er ließ mich zuversichtlich in die Zukunft blicken. Gemütlich schlenderten wir über den Friedhof. Du schienst irgendwie nervös zu sein, doch ich wusste noch nicht, warum. Als wir an den Gräbern vorbeikamen, auf denen Kinderspielzeug lag, wurde es ganz ruhig um uns herum. Die Vögel hörten auf zu singen, und es war so, als könnte man die Kinderseelen spüren. Zwei Wochen, drei Monate, vier Jahre – mehr Zeit hatten diese kleinen Engel nicht auf dieser Erde verbringen dürfen, bevor die Eltern von ihnen Abschied nehmen mussten. Ein unglaublich schmerzvoller Gedanke, der dich schaudern ließ. Einen Augenblick lang bliebst du stehen und atmetest erneut tief in dein Herz hinein. Was für ein Glück, dass dir so etwas im Leben erspart geblieben war. Erfüllt von Dankbarkeit begannst du zu weinen. Tränen hatte ich noch nie zuvor in deinem ernsten Gesicht gesehen, das im Laufe unserer Wanderung immer weicher geworden war. Fast schon beschämt musstest du einsehen, dass dein Leben gar nicht so schlecht verlaufen war, wie du es jahrelang wahrgenommen hattest. Ganz im Gegenteil.

Langsam wurde ich vom vielen Laufen müde, und die Überzeugung wuchs in mir, mein Auftrag wäre erfüllt. Da übernahmst du plötzlich die Führung, und wir verließen den Friedhof über den Hintereingang. Ich folgte dir brav, obwohl ich keine Ahnung hatte, wohin der Umweg führen sollte. Schließlich

blieben wir vor einem kleinen Haus stehen, das ich noch nie zuvor gesehen hatte.
Nach einigen Minuten gingen wir langsam den Weg zur Haustür entlang und stiegen drei Treppen hinauf. Kleine Schweißperlen glitzerten auf deiner Stirn. Ein weiteres Mal an diesem Tag nahmst du einen tiefen Atemzug und drücktest auf die Klingel neben der Tür.
Was ich dann zu sehen bekam, raubte mir den Atem. Es traf mich wie ein Blitz bis tief hinein in meine Seele, ich war zutiefst berührt und so glücklich wie noch nie zuvor in meinem Leben.
Die Tür öffnete sich, und zum ersten Mal nach langer Zeit nahmst du deine Tochter in die Arme – zärtlich und voller Liebe. Seit Jahren hatte sie sich diesen Moment herbeigesehnt. Dem kleinen Mädchen, das zur Tür gerannt kam, streicheltest du sanft über die Wangen. Es war deine Enkeltochter, die du noch nie zuvor gesehen hattest. Ja, es lohnt sich, auf dieser Welt zu sein, denn das Leben ist schön.

Das Leben steckt voller Herausforderungen, es hat Höhen und Tiefen, glückliche und traurige Zeiten.
So ist es, und so wird es immer sein.
Es ist nicht immer einfach, aber es ist ein großes Abenteuer.
Und es ist nie zu spät, sich für das Leben und die Liebe zu entscheiden.
Gut gemacht, alter Mann.

Der unvollkommene Hund

Ich bin ein unvollkommener Hund – und ich wollte für immer dein bester Freund sein. Doch du wolltest nur allen anderen gefallen, wolltest selbst perfekt sein und es allen recht machen. Du hast dir keine Fehler eingestanden und dich unter Druck gesetzt. Ich habe ihn ausgehalten.

Ich wollte es dir zeigen, aber du hast es nicht erkannt. »Was sollen die anderen denken?« Das Gerede der Leute raubte dir den Schlaf, es ergriff Besitz von dir. Ich wurde dir peinlich, konnte deine Erwartungen nicht erfüllen.

Du konntest meine unendliche Liebe nicht aushalten – sie schmerzte dich, denn du konntest dich

selbst nicht ertragen, dein Spiegelbild, deine Taten und alles, was du sagtest.
Ich wollte es dir zeigen, aber du hast es nicht erkannt.
Ich habe mit dir Sport getrieben, das machte dir Spaß und stärkte dein Selbstwertgefühl. Ich habe viele Kommandos und gutes Benehmen gelernt. Ich sollte auf das Haus aufpassen und lieb sein, wenn die Kinder an meinem Schwanz zogen. Ich sollte die Schmerzen aushalten, die du nicht ertragen konntest.
Ich wollte es dir zeigen, aber du hast es nicht erkannt.
Ich habe deine Schläge ertragen und damit das Leid deiner Familie und Vorfahren, das du auf mich projiziert hast. Du hast deinem Vater damit unbewusst eingestanden, nicht besser zu sein als er und dieselben Fehler zu machen. Danach habe ich dir liebevoll in die Augen gesehen.
Ich wollte es dir zeigen, aber du hast es nicht erkannt.
Ich habe versucht, dir beim Tragen der Last zu helfen. Habe gehofft, dass du durch mich wieder Kontakt zu deinen verloren gegangenen Seelenanteilen aufnehmen und sie zurückholen kannst. Ich habe geglaubt, dass all das Alte, vor längst vergangenen Zeiten Verdrängte, wieder hochkommt, damit du es dir ansehen und es in Frieden loslassen kannst.
Ich wollte es dir zeigen, aber du hast es nicht erkannt.

Die nicht ausgesprochenen Gefühle von Schuld und Scham, die Demütigungen, die kalte Erziehung, die fehlende Herzenswärme, die Schreie der Verwundeten im Krieg, die Gräueltaten der Großeltern, über die nie gesprochen wurde, das Jammern der Opfer, das dumpfe Geräusch, als die Bombe auf das Haus der Nachbarn fiel und zwei Familien darunter begraben wurden, das Winseln der Hunde unter den Trümmern, das drei Tage andauerte, bis es verstummte.

Ich wollte es dir zeigen, aber du hast es nicht erkannt.

Der Hundetrainer, zu dem wir jede Woche gingen, trug selbst ein verletztes Kind in sich. Du hast seine Anweisungen nach Plan umgesetzt. Die Übungen haben mich erniedrigt, doch ich habe es ertragen, damit du einen Moment der Zuversicht erleben konntest.

Ich habe mich zur Verfügung gestellt, damit dir bewusst wird, was an dir noch zu tun ist, aber du wolltest immer nur MICH verändern.

Du warst so oft wütend auf mich und hast deinen Ärger an mir ausgelassen, deinen Hass, der immer nur dir selbst galt.
Jetzt sitze ich hier im Tierheim und warte auf einen Menschen, der einen unvollkommenen Hund sucht. Einen, der durch mich Freude, Toleranz und Güte erleben möchte.
Jemanden, der mich so akzeptiert, wie ich bin, weil er weiß, dass es unsere Schwächen sind, die uns liebenswert machen. Dass wir alle hier sind, um zu lernen und uns der Liebe zu öffnen, damit wir wachsen können.
Einen Menschen, der sich selbst und andere – ganz um ihrer selbst willen und ohne große Erwartungen – lieben kann. Jemanden, dem ich nicht peinlich bin und der weiß, dass er durch mich noch wichtige Dinge in seinem Leben lernen kann.
Ich bin ein unvollkommener Hund, und ich liebe das Leben. Ich will einfach nur dein bester Freund sein und dir zeigen, wie hell du leuchten kannst, wenn du verstehst, was ich dir sagen will.
Ich gebe nicht auf, denn ich glaube an das Gute in den Menschen – immer. Du wirst kommen, das weiß ich genau.
Ich freue mich unendlich auf dich.

Der Hund des INTELLIGENTEN Mannes

Wie stolz ich war – und glücklich. Unter all den bellenden Hunden im Tierheim hattest du mich ausgesucht und mitgenommen. Ich sollte Familienanschluss und viel Auslauf bekommen, das hattest du meinen Pflegern versprochen. Schwanzwedelnd verabschiedete ich mich von meinen Ausführern, die mir jahrelang Tag für Tag schöne Momente in meinen traurigen Tierheimalltag gezaubert hatten. Tränen flossen. Doch jetzt endlich würde ich ein richtiges Zuhause bekommen.
Ich freute mich so sehr auf ein Leben mit dir.

Gern sprang ich in deinen riesigen Geländewagen und legte mich in die Hundebox. Alles war so aufregend, und ich begann zu bellen. Als ich merkte, dass es dir nicht gefiel, hörte ich sofort wieder auf. Ich war gespannt auf mein neues Zuhause und die vielen lieben Menschen, die dort auf mich warten würden. Es war sehr anstrengend, meine Aufregung während der Fahrt zu unterdrücken, doch ich hielt es aus, um dir zu gefallen.
Ich freute mich so sehr auf ein Leben mit dir.
Du warst ein sehr intelligenter Mann und hattest viele Jahre an einer Universität studiert. Sogar eine Professur hattest du bekommen. Sicher wünschtest du dir genau wie ich einen guten Freund an deiner Seite. Jemand, der dich so liebte, wie du warst, mit dem du toben und spielen konntest und der dich durch den dunkelsten Wald begleitete.
Ich freute mich so sehr auf ein Leben mit dir.
Weil du so klug warst, wusstest du sicher auch, was Hunde gern fressen und was sie brauchen, um gesund zu bleiben. Beim Gedanken an die erste Mahlzeit in meinem neuen Zuhause lief mir schon das Wasser im Mund zusammen. Ich war das trockene Tierheimfutter so leid. Sicher würdest du mir etwas Leckeres zubereiten.
Ich freute mich so sehr auf ein Leben mit dir.

In der ersten Stunde nach unserer Ankunft wartete ich angekettet auf dem Dreschboden liegend auf deine Rückkehr aus dem Haus. Sicher würdest du dir alte Sachen anziehen, damit wir gemeinsam über die matschigen Felder laufen konnten. Es hatte tagelang geregnet, und kalt war es auch. Sicher würde ich mich bald auf eine kuschelige Decke legen dürfen.

Ich freute mich so sehr auf ein Leben mit dir.

Als sich die Wohnungstür endlich öffnete, nahmst du meine Leine, und wir gingen los. Doch wir liefen nicht hinüber zu den Feldern oder in den Wald. Ich dachte, dass du vielleicht noch einen anderen tollen Weg kanntest. Doch dann kamen wir an einen großen Käfig, in den du mich hineinführtest. Ich zögerte, doch du gabst mir einen heftigen Schlag auf mein Hinterteil. Für mich brach eine Welt zusammen.

Ich hatte mich so sehr auf ein Leben mit dir gefreut. Jede Nacht musste ich in diesem Käfig schlafen, auch im Winter. Ich fror furchtbar, denn ich war doch kein Schlittenhund mit dickem Fell. Im Tierheim war es viel wärmer gewesen, dort hatte ich eine Decke und etwas Stroh in der Hundehütte gehabt.

Tagsüber durfte ich manchmal auf dem Dreschboden an einer langen Kette liegen. Dann hörte ich die Stimmen der Kinder, die im Haus spielten. Wie gern wäre ich dort gewesen und hätte die kleinen Hände an meinen Ohren gespürt. Doch irgendwann begriff ich, dass die Stimmen aus dem Fernseher kamen. Da waren keine Kinder, niemand außer dir war im Haus. Der Geruch, wenn du dein Steak in der Pfanne brietest, war für mich fast unerträglich, denn ich bekam nur das Billigste vom Billigen. Nicht einmal deine Essensreste durfte ich fressen.

Ich hatte mich so sehr auf ein Leben mit dir gefreut. Dann wurde ich krank. Mein Darm entzündete sich. Die Tierärztin spritzte mir jede Woche mehrere Mittel, doch sie war ratlos, weil es nicht besser wurde. Ich wusste genau, dass das von der

Kälte, dem dreckigen Käfig und dem schrecklichen Futter kam. Als ich durch die eitrige Entzündung zu stinken begann, musste ich auch tagsüber im Käfig bleiben, weil der Geruch für dich nicht auszuhalten war.

Dabei liebte ich dich doch und hatte mich so sehr auf ein Leben mit dir gefreut.

Es tat so weh. Alles – die Schmerzen und die Einsamkeit. Stundenlang winselte ich frierend in meinem Käfig, aber niemand kam, um mich zu trösten. Nur zweimal am Tag durfte ich kurz mein Geschäft erledigen. Ich war so traurig und wünschte mir nur noch, diese Aufgabe bald erfüllt zu haben, damit ich nicht mehr leiden musste. Warum hast du mir das angetan? Du warst doch ein kluger Mann! Du musstest doch wissen, dass ich ein Rudeltier war und einfach nur dein Freund sein wollte! Warum hast du mich nicht einfach im Tierheim gelassen? Dort hätte ich eine Chance gehabt.

Ich hatte mich so sehr auf ein Leben mit dir gefreut. Zu Weihnachten kamen ein paar liebe Menschen auf den Hof, Besucher, die zur Verwandtschaft gehörten. Sie schauten mich voller Mitleid an und kamen an den Käfig, um mich zu streicheln. Das genoss ich sehr, es waren Augenblicke des Glücks. Diese Menschen wollten mir helfen und gaben dir tolle

Tipps, um unser Zusammenleben zu verbessern. Sie erzählten dir von Dingen, die du nicht nachvollziehen konntest, weil du ja viel klüger warst als sie. Schließlich hattest du viele Jahre an der Universität studiert. Und die Tierärztin auch. Also konnten das deiner Meinung nach keine guten Vorschläge sein. Deine Verwandten ließen nicht locker, sie redeten dir ins Gewissen, stellten unbequeme Fragen, aber du warst so kalt wie ein Eisblock und froh, als sie den Hof nach ein paar Stunden wieder verließen.

Mein geliebter Professor, ich hatte mich so sehr auf ein Leben mit dir gefreut.

Danke, dass die Tierärztin mich nach fast einem Jahr endlich von meinen Schmerzen erlösen durfte. Der Tod ist nichts Schlimmes. Es ist lediglich der Übergang in eine andere, schönere Dimension. Bald werde ich eine neue Aufgabe auf der Erde bekommen und als Welpe wiedergeboren werden. Darauf freue ich mich sehr.

Doch vorher möchte ich dir unbedingt noch etwas mitteilen:

Ich wünsche dir, dass du Herz und Verstand in Zukunft besser in Einklang bringen kannst. Ein hoher IQ ersetzt kein gütiges, mitfühlendes Herz und auch keinen gesunden Menschenverstand. Wenn wir starr an alten Gewohnheiten festhalten, gibt es keine Entwicklung, daher ergibt es immer Sinn, über den Tellerrand hinaus zu sehen und eigene Erfahrungen zu sammeln. Ein Hund ist ein emphatisches Lebewesen, das Gefühle und eine Seele hat. Er ist keine Alarmanlage, sondern braucht Liebe und Zuwendung. Ich wünsche mir von Herzen, dass du es in diesem Leben noch schaffen wirst, alles, was deine Seele bedrückt, in Liebe loszulassen. Erst dann, wenn du dich selbst annehmen kannst, solltest du einem neuen Hund ein Zuhause geben.

Der HUND und der gerettete KATER

Ich lebe so gern hier bei euch, als Teil einer wunderbaren Familie. Ihr seid gut zu mir, füttert und streichelt mich. Ich fühle mich geborgen und geliebt, und das von dem ersten Tag an, als ich vor zwei Jahren vom Züchter zu euch kam. Da habe ich Joe zum ersten Mal gesehen. Er lag in seinem Körbchen neben der Couch und sah mich an. Ich wollte ihn begrüßen, doch er gab mir mit seiner Samtpfote eine Ohrfeige.

Die Kinder spielen mit mir, wenn ich Lust dazu habe, und lassen mich in Ruhe, wenn ich schlafen will. Wenn ich euch ein Kunststück zeige oder

Dinge tue, die euch Freude machen, bekomme ich ein ganz besonderes Leckerli, und ihr glaubt, ich sei darüber glücklich. Das stimmt auch, aber es macht mich noch glücklicher, eure strahlenden Gesichter zu sehen und die tätschelnden Hände an meinem Hals zu spüren. Wir gehören einfach zusammen, das weiß ich genau. Ich habe großes Glück gehabt.

Mein Freund Joe sieht nie glücklich aus. Ab und zu versuchen die Kinder, ihn mit einer Art Angel zum Spielen aufzufordern, aber dazu hat er keine Lust.

Am Wochenende kommt manchmal ein älteres Ehepaar zu Besuch, und es gibt Kaffee und Kuchen auf dem Balkon. Die Kinder nennen sie Opa und Oma. Ich liege dann brav neben euch, und das Wasser läuft mir im Mund zusammen. Ab und zu steckt mir der Opa heimlich ein Stückchen von dem Kuchen zu, obwohl er das nicht darf. Und wenn ihr das merkt, dann schimpft ihr mit uns beiden. Aber das ist okay, denn ihr wollt ja, dass ich gesund bleibe. Wenn wir draußen auf dem Balkon sitzen, müssen wir immer aufpassen, dass die Terrassentür geschlossen bleibt, damit Joe nicht herauskommt. Draußen ist es viel zu gefährlich für ihn.

Ihr habt euch viele Gedanken darüber gemacht, wie ich aufwachsen soll, habt Bücher gelesen und Seminare besucht. Und ich muss sagen: Ihr macht das ganz toll! Auch den Kindern, die gerade erst in die Schule gekommen sind, habt ihr liebevoll beigebracht, dass ich kein Spielzeug bin, sondern eine Seele habe und Schmerzen empfinden kann. Ihr habt mich nie aus den Augen gelassen, wenn ich mit den Kleinen im Zimmer war, und mir wurde noch nie wehgetan. Auch Joe hat nie etwas Böses von euch erfahren. Aber warum schaut er dann so traurig?

Wir gehen jeden Tag mehrmals spazieren. Morgens nur um den Häuserblock, aber nachmittags fahren wir in den Wald, und dann kann ich rennen und mit anderen Hunden toben. Das macht Spaß! Wenn wir aus dem Haus gehen, drehe ich mich meistens noch einmal um und schaue zum Wohnzimmerfenster hoch. Dann sehe ich, wie Joe auf der Fensterbank sitzt und uns hinterherschaut. Sehnsüchtig und traurig. Seine Schnauze bewegt sich. Ich spüre, dass er mir etwas sagen will.

Abends bin ich dann hundemüde, und nachts darf ich bei den Kindern im Zimmer schlafen. Darüber freue ich mich, denn ich bin ein Rudeltier und schlafe gern in der Nähe von meinen Menschen. Jede Nacht tapst Joe im Wohnzimmer nebenan auf und ab, das kann ich genau hören. Ich weiß nicht, warum er nicht schläft, vielleicht hat er Albträume. Er läuft auf dem Parkettboden hin und her, immer und

immer wieder, bis die Sonne aufgeht. Ob ihm das nicht langweilig wird? Morgens nach dem Spaziergang gibt es ein großes Frühstück mit Fleisch und Gemüse. Das schmeckt so toll, darauf freue ich mich die ganze Nacht. Joe hat seinen Fressplatz im Arbeitszimmer. In seinem Napf liegen kleine, trockene Kügelchen, und daneben steht eine Schüssel mit Wasser. Die Kügelchen riechen nicht so toll wie mein Fleisch, und Joe isst sie nur, wenn er ganz doll hungrig ist. Meistens erst spät abends, wenn er merkt, dass er nichts anderes mehr bekommt. Zwei Meter neben seinem Fressplatz steht eine Box. Darin verschwindet er manchmal, und anschließend stinkt es ein bisschen. Ich glaube, das ist seine Toilette. Ich würde nicht so gern in dem Zimmer fressen. Ich darf mein Geschäft draußen unter den Büschen oder im Wald erledigen, und mein Fressnapf ist in der Küche an der Wand befestigt.

Neulich habt ihr ein bisschen stolz erzählt, dass Joe schon acht Jahre alt sei und ihr ihn vor fünf Jahren aus dem Tierheim gerettet habt, weil er es hier bei

euch viel besser hat. Ihr habt ein gutes Herz.

Bevor er damals ins Tierheim gebracht wurde, hatten ihn liebe Menschen in einer Schrebergartensiedlung aufgelesen. Dort wurde der arme Kerl von den Anwohnern gefüttert und musste ansonsten täglich jede Menge Mäuse fangen und fressen. Ihr seid der festen Überzeugung, dass das für Joe bestimmt kein schönes Leben war. Doch im Laufe der Zeit war ich mir nicht mehr sicher, ob das stimmte.

Eines Tages war ich mit Joe allein zu Hause und stupste ihn freundlich an, weil er wieder so traurig aussah. Dann begann er, mir seine Geschichte zu erzählen:

Ein Rentner, der in der Schrebergartensiedlung ein Holzhaus bewohnte, hatte sich ganz besonders um Joe gekümmert. Manchmal war er auch mit ihm zum Tierarzt gegangen, um nachschauen zu lassen, ob alles okay mit ihm war. Als Joe nach einigen Jahren auf einmal verschwunden war, brach für den Mann eine Welt zusammen. Er war todtraurig. Er suchte ihn überall, hing Fotos von ihm auf und fragte alle Leute nach ihm. Aber niemand hatte Joe gesehen. Die Ungewissheit nagte an ihm, es war schrecklich.

Der Mann vermisste Joe noch immer sehr: sein Maunzen am Morgen, wenn er sich sein Frühstück abholte, die Maus, die er ihm manchmal als Geschenk vor die Tür legte, die Gesellschaft beim Heckeschneiden, wenn Joe einfach nur da saß, um ihn zu beobachten, oder mit einem Schmetterling fangen spielte. Es war faszinierend, wenn Joe Anlauf nahm und senkrecht den Stamm eines Baumes hinauflief, um dann wieder mehrere Meter hinunter auf den Boden zu springen. Wenn der Mann abends mit seinen Freunden auf der Terrasse saß und eine Flasche Bier trank, sprang Joe auf den Holztisch und forderte eine Streicheleinheit ein, bevor er wieder loszog und völlig ohne Angst in der Dunkelheit verschwand. Im Winter, wenn es kalt war, durfte sich Joe in einem kuscheligen Körbchen am Ofen ausruhen. Und wenn er dann wieder auf Jagd gehen wollte, öffnete ihm der Mann die Tür und sah ihm liebevoll hinterher.

»Ob er es jetzt wohl gut hat?«, fragte sich der Rentner jeden Tag, wobei ihm Tränen in die Augen traten.

Meine geliebten Menschen, einen Kater, der ein Leben in Freiheit gewohnt ist, in eine Wohnung zu sperren, ist keine gute Tat. Wenn ihr einer Katze ein Zuhause geben wollt, solltet ihr euch im Vorfeld mit ihren Lebensgewohnheiten beschäftigen. Bei mir habt ihr es doch auch getan. Ein Kater aus dem Tierheim ist nicht weniger wert als ein teurer Rassehund. Vielleicht könnt ihr herausfinden, wo genau Joe damals gefunden wurde. Dann schaut ihm ganz tief in die Augen und fragt ihn, ob er wieder dorthin zurück möchte. Freiheit ist unersetzlich, und Glück ist immer ein ganz individuelles Gefühl.

Lasst euch von eurem Herzen leiten, dann findet ihr sicher auch den alten Mann, der seinen geliebten Kater so unendlich vermisst. Dann wären wir alle glücklicher.

Der RETTUNGSHUND

Ich war so froh darüber, dass du sie früh genug erkannt und gefördert hattest: meine Vorliebe für Kopfarbeit wie Schnüffeln und Suchen. Ich liebte meinen Job als Rettungshund über alles. Es bereitete mir Freude und erfüllte meine Seele. Tag für Tag die Übungen mit dir zu machen und immerzu an deiner Seite zu sein – das war einfach wunderbar.

Auch du warst als typischer Diener und Helfer auf diese Welt gekommen. Nicht ohne Grund warst du Feuerwehrmann geworden und in deiner Freizeit noch ehrenamtlich beim Technischen Hilfswerk tätig. Jedes Mal, wenn irgendwo auf der Welt die Erde bebte, wurdest du angerufen, und wir beide brachen auf. Die Unterbringung in einer Hundebox im Frachtraum eines Flugzeugs war für mich kein Problem, denn du hattest mich schon früh daran gewöhnt. Ich verspürte dann eine riesige Vorfreude auf unseren gemeinsamen Auftrag und wartete geduldig, dass es losgehen würde. So zogen die Jahre ins Land. Wir waren ein Superteam.

Manchmal, wenn wir zu Hause gemeinsam auf dem Sofa lagen, hatte ich den Eindruck, du würdest dich einsam fühlen. Deine Mahlzeiten bestanden aus Fertigprodukten und Würstchen, die du dir freudlos in den Mund schobst, nachdem du sie in billigem Fett gebraten hattest. Das Futter, das ich bekam, war wesentlich gesünder als das, was du deinem Körper zumutetest. Ich fand das schade und bedrückend, doch ich

wusste nicht, wie ich dir helfen konnte. Vielleicht warst du dir selbst nicht wichtig genug oder warst noch nicht bereit für einen anderen Weg. Dein unbewusstes Essen konnte auch der Versuch sein,

einen Schmerz zu stillen oder eine Lücke zu füllen. Mir kam es jedenfalls so vor, als fehlte dir ein gewisses Maß an Liebe zu deinem eigenen Körper und deinem Dasein als solches. Oder aber du warst mit deinem Lebensstil voll und ganz zufrieden, und ich machte mir grundlos Sorgen.
Ich weiß nicht mehr genau, wann es war, doch eines Tages begann irgendetwas, komisch an dir zu riechen.
Meine Nase war so gut geschult, dass ich viel besser schnüffeln konnte als die meisten anderen Hunde. Ich konnte Menschen riechen, die viele Meter unter Trümmern begraben lagen. Aber auch Stresshormone, Glückshormone und andere Schwingungen blieben von meiner Nase nicht unentdeckt. Das führte nicht selten zu einer Reizüberflutung. Daher waren unsere Trails im Wald und die gemütlichen Abende mit dir auf der Couch ein guter Ausgleich zu meiner wichtigen, aber anstrengenden Arbeit als Rettungshund.
Die Wochen vergingen, und es gelang mir nur noch schwer, mich neben dir zu entspannen. Äußerlich war alles unverändert, aber irgendetwas in dir drinnen stimmte nicht, ich konnte es genau wahrnehmen. Es war eine Schwingung, ein Geruch, der aus deinem Bauch zu kommen schien und mir

Angst machte. Ich wusste nicht, was es war, doch ich war mir sicher, dass es dort nicht hingehörte. Immer wieder musste ich meinen Kopf heben, an deinem Bauch schnüffeln und dich danach ansehen. Natürlich blieb dir das nicht verborgen, und du fragtest mich, warum ich so unruhig wäre. Dann winselte ich kurz auf, was von dir mit einem zärtlichen Ohrenkraulen beantwortet wurde. Ich liebte dich so sehr, mein Freund, du warst ein durch und durch guter Kerl, der alles für mich getan hätte. Diese Liebe wollte ich dir zurückgeben, und so rückte ich Abend für Abend immer näher an dich heran. So lange, bis der komische Geruch an dir verschwunden war.

Der Tag, an dem mein Milztumor platzte und du mich gehen lassen musstest, war der schmerzvollste in deinem Leben. Doch gleichzeitig war er auch einer der wichtigsten, denn in der Klinik begegnetest du der Frau, mit der du heute dein Leben teilst, die ein Teil deiner Welt geworden ist und für die du immer ein leckeres Abendessen kochst, wenn du freihast. Als ich in deinen Armen liegend für immer die Augen schloss, stand sie neben uns wie ein Engel und versprach dir, dass du mich eines Tages an einem wunderschönen Ort wieder in die Arme schließen würdest.

Heute hat meinen Platz auf dem Sofa ihre Hündin eingenommen, zusammen mit deinem neuen Rettungshund. Ihr, du und die Frau, habt beschlossen, gemeinsam alt zu werden, und es fühlt sich so gut an.

Ich habe dir deine Krankheit gern abgenommen, mein geliebter Freund. Das war eine meiner Aufgaben, derentwegen ich hier war. So konnte ich am Ende neben all den vielen Menschen, die ich aus den Trümmern gerettet habe, auch dem Menschen helfen, den ich am meisten geliebt habe.

Das war mir die größte Ehre meines Lebens.

Der STREUNERHUND

Ich war nie der Ranghöchste in meinem Rudel, aber trotzdem selbstbewusst. Es war schön, in der Gemeinschaft zu leben, morgens an der frischen Luft aufzuwachen und den Strand entlangzulaufen. Hier und dort fand man die Reste eines Burgers oder einen toten Fisch, den man zum Frühstück fressen konnte.

Es war nicht immer leicht, aber ich war glücklich.

Mein Rudel war klug, darum mussten wir nur selten hungern. Wir wussten genau, wo die Restaurants ihre Essensreste hinwarfen und wo man Leute treffen konnte, die uns etwas von ihrem Frühstück

übrig ließen. In den Sackgassen der Altstadt wohnten sogar Menschen, die uns regelmäßig fütterten.
Es war nicht immer leicht, aber ich war glücklich.
Nachmittags war der Strand immer voller Menschen. Manche lagen einfach nur in der Sonne, andere planschten im Wasser. Sie sahen zufrieden und gut gelaunt aus. Manche von ihnen benutzten eine andere Sprache, sie waren dort, um Urlaub zu machen. Nur selten verscheuchten sie uns, die meisten von ihnen waren lieb und streichelten uns. Manche befreiten uns sogar von Zecken. Das machten sonst nur die freiwilligen Tierärzte, die manchmal durch die Stadt zogen und sich um uns kümmerten.
Es war nicht immer leicht, aber ich war glücklich.
Diese Tierärzte sorgten auch dafür, dass unsere Hündinnen nicht mehr schwanger werden konnten. Das war gut, denn oftmals starben einige ihrer Welpen und manchmal auch sie selbst. Es gab genug Straßenhunde in der Stadt, mehr sollten es nicht werden.
Die Stadtbewohner ignorierten uns, und wir taten ihnen nichts. Es bestand eine gewisse Distanz zwischen ihnen und uns. Jeder durfte sein Leben führen, wie er wollte, und ließ die anderen in Ruhe.
Es war nicht immer leicht, aber ich war glücklich.

Im Sommer, wenn es sehr heiß war, lagen wir den ganzen Nachmittag im Schatten der Büsche am Strand und dösten. Die Meeresbrise wehte uns um die Nase. Manchmal spielten wir wild miteinander oder rannten wie verrückt durch den Sand, um anschließend ein Bad im Meer zu nehmen. Danach juckte die Haut ein wenig von dem Salz und dem Sand. Aber nach dem nächsten Wolkenbruch war meist alles wieder in Ordnung.

Es war nicht immer leicht, aber ich war glücklich.

Die Jahre zogen ins Land, und die ersten Rudelfreunde brachen in die ewigen Jagdgründe auf. Wenn sie krank wurden und nicht mehr mithalten konnten, verkrochen sie sich schließlich an einen ruhigen Ort in den Bergen, um dort kurze Zeit später für immer einzuschlafen. So war unser aller Leben, der Tod gehörte auch dazu.

Es war nicht immer leicht, aber ich war glücklich.

Eines Tages herrschte große Aufregung. Aus der Ferne konnten wir beobachten, wie die Mitglieder eines anderen Rudels wild durcheinander rannten, geduckt und panisch. So, als würden sie vor irgendetwas flüchten. Vielleicht war ja wieder ein Cafébesitzer mit dem Besen hinter ihnen her, weil sie die Gäste angebettelt hatten, dachten wir, und setzten unseren Weg zum Strand fort. Manchmal musste man als Streunerhund halt aufpassen, das Leben konnte auch gefährlich sein.

Es war nicht immer leicht, aber ich war glücklich.

Wir lagen nichts ahnend am Strand in den schattigen Büschen und faulenzten, als es geschah, ganz plötzlich und ohne Vorwarnung: Mehrere Menschen tauchten zwischen uns auf und sprachen sanft auf uns ein. Alle trugen die gleiche Kleidung, eine Art Uniform. Wir erschraken und sprangen auf, doch diese Menschen blieben ganz ruhig und streckten ihre Hände nach uns aus. Erst hatte ich Angst und war misstrauisch. Ich hatte so etwas noch nie erlebt, es war völlig neu für mich. Normalerweise gingen wir zu den Menschen hin, wenn wir etwas von ihnen wollten, nur selten kamen sie direkt zu uns. Nach ein paar Minuten nahm ich all meinen Mut zusammen und ging auf einen von ihnen zu. Vielleicht hatte er ja eine leckere Mahlzeit dabei, die er mit mir teilen wollte, dachte ich. Der Mann war sehr lieb zu mir, er kraulte mir das schmutzige Fell und streichelte über meinen Kopf. Dann nahm er eine Schlinge, legte sie mir um den Hals und flüsterte: »Bald wirst du es gut haben.«

Aber was meinte er denn damit? Ich hatte es doch gut!

Dann wurde ich fortgezogen – weg von meinen Freunden, die wild umherrannten. Ich schrie und weinte, doch der Mann zog immer fester. Ein weiterer Rudelfreund wurde auch gefangen genommen, die anderen konnten sich retten. Meine Freunde bellten und riefen laut um Hilfe. Einige der Strandgäste standen von ihren Handtüchern auf und kamen herbeigeeilt. Doch die Männer sagten nur, sie seien vom Tierschutz und wir würden es bald besser haben.

Ich hatte Todesangst, alles tat weh. Mein Gott, warum half uns denn niemand? Der Mann zerrte mich zu einem großen Auto und öffnete den Kofferraum. Darin standen mehrere Boxen, in denen bereits total verstörte Hunde lagen, panisch hechelnd wie ich. Ich wurde hochgehoben und in die einzige Box geschoben, die noch leer war. Mein Rudelfreund war nicht mehr zu sehen. Er wurde in das zweite Auto gesteckt.

Als die lange Reise begann, schlug mein Herz wie verrückt. Ich hatte so große Angst. Gleichzeitig war ich traurig, weinte die ganze Zeit über und

konnte einfach nicht aufhören. Durch die Aufregung bekam ich Durchfall und musste stundenlang in meinem eigenen Kot ausharren. Es war grauenvoll. Meine Rudelfreunde habe ich nie wiedergesehen.

Jetzt wohne ich in einer kleinen Stadtwohnung in Deutschland. Es ist immer laut und muffig. Die Luft ist verraucht. Der Fernseher läuft, und durch das Fenster hört man von morgens bis abends den Straßenlärm. Meine Menschen sind sehr lieb zu mir, obwohl sie viele eigene Probleme haben. Traurig ziehe ich mehrmals am Tag mit ihnen durch die Straßen. Ich vermisse mein Rudel und meine Freiheit unendlich. Was ist nur mit mir passiert?

Bevor ich zu meinen Menschen kam, wurde ich operiert. Seitdem habe ich Angst, wenn mir andere Hunde begegnen. Wenn ich weglaufen will, werde ich an der Leine zurückgezogen, das tut mir am Hals sehr weh. Dann möchte im am liebsten ein Loch graben und mich für immer darin verkriechen. Aber auch das würde gar nicht gehen, denn überall ist nur Asphalt.

Ich habe große Sehnsucht nach meinen Freunden und nach dem Meer. Das war meine Heimat, das war mein Lebensinhalt. Hier gibt es weit und breit kein Wasser. Auch Essensreste gibt es nicht mehr. Was ist nur mit mir passiert? Ich verstehe die Welt nicht mehr.

Früher war es nicht immer leicht, aber ich war glücklich.

Liebe Menschen, bevor ihr ein Lebewesen retten wollt, denkt bitte einmal in Ruhe darüber nach, ob eure Lebensweise wirklich die einzig richtige ist. Denn wenn es so wäre, warum sind dann so viele von euch unglücklich?

Ein Hauch von Lebenskunst, unbändiger Freude, Freiheit und Abenteuer würde euch sicher guttun.

Es gibt keine Sicherheit, kein Richtig oder Falsch. Doch es gibt die Leidenschaft, die wie ein Lebensfunke in uns glüht und die wir immer wieder anfachen sollten – Tag für Tag, egal, ob wir reich oder arm sind und woher wir kommen. Es ist ein Gefühl, so leicht wie eine Feder, eine innere Freude, etwas, was ich euch von Herzen wünsche.

Der ZAUBERHUND

Da, wo ich herkomme, wissen wir genau über die Eigenarten der Menschen Bescheid, schließlich sollen wir euer Leben verschönern oder in einer Form verändern, die gut oder wichtig für euch ist. Auch wenn ihr das nicht immer gleich erkennen könnt. Den meisten Hunden gelingt es auch, das Leben ihrer Menschen positiv zu beeinflussen. Doch manche scheitern an ihrem Vorhaben, weil die Ignoranz ihrer Besitzer einfach zu groß ist.

Wir Hunde finden es erstaunlich, was in euren Köpfen so vor sich geht, vor allem eure Verhaltensmuster und Beziehungen zueinander sind uns schleierhaft. Überhaupt: Eure gesamte Psyche stellt uns oftmals vor ein nahezu unlösbares Rätsel. Wenn mir ein Artgenosse seine Zähne zeigt, sich vor mir aufbäumt oder mich sogar beißt, gehe ich ihm beim nächsten Mal aus dem Weg. Das ist doch völlig normal. Zwar gibt es bei uns eine Rangordnung, und Rangeleien bleiben nicht aus, wenn es darum geht, die Plätze in dieser Rangordnung zu verteilen, doch was auch immer während dieser Beziehungskämpfe mit uns passiert, wir lernen stets daraus.

Bei euch ist das nicht immer so. Wenn ihr als Welpe von eurer Mutter gebissen werdet, zerfließt ihr in Selbstmitleid und sucht euch den Rest eures Lebens Partner, von denen ihr ebenfalls immer und immer wieder gebissen werdet. Das ist doch verrückt! Warum macht ihr das? Warum nehmt ihr diese Erfahrung nicht zum Anlass, nur noch jene Menschen an eurem Leben teilhaben zu lassen, die euch gut behandeln?

Das Leben ist so schön! Mit Partnern an eurer Seite, die mit euch zusammen in dieselbe Richtung schauen, die euch fördern und stärken, könnte euer Leben so viel leichter sein.

Wir alle machen Fehler und erfüllen unsere Aufgabe immer so gut, wie wir es können. Jeder weiß das. Warum könnt ihr dann nicht akzeptieren, dass auch eure Eltern Fehler machen dürfen? Deswegen

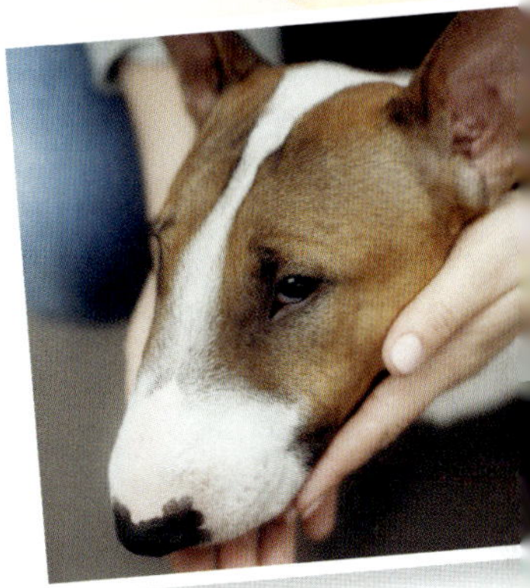

müsst ihr diese doch nicht wiederholen.
Als ich drei Monate nach meiner Geburt zu euch beiden kam, dachte ich erst, dass ich das nicht schaffen würde. Ich hatte Angst, dass am Ende alles nur noch schlimmer zwischen euch beiden werden würde. Zwei warmherzige, sensible Menschen mit guten Absichten, aber beide mit einem gebrochenen, heimatlosen Inneren Kind. Ich machte mir große Sorgen, doch – Gott sei Dank – kam alles anders.
Meine unbändige, bedingungslose Liebe verzauberte euch und füllte einen Raum in eurer Seele aus, dessen Existenz euch bis dahin noch nicht bewusst gewesen war.
Ihr konntet mein sorgenvolles Winseln, während ihr wegen unwichtiger Dinge miteinander strittet, nicht ertragen und begannt, über euer Leben, die Vergangenheit und die Gegenwart nachzudenken. Ihr fingt an, eure Wahrnehmung zu verändern, an euch zu arbeiten, und seid in Therapie gegangen. Nach und nach habt ihr die Narben der Beißereien aus eurer Kindheit angesehen und seid damit in Frieden

gekommen. Die Heilung dauerte ihre Zeit, doch vieles in eurem Herzen tat auf einmal gar nicht mehr so weh. Plötzlich konntet ihr über Dinge lachen, über die ihr sonst gestritten hattet. Die gemeinsame Liebe zu mir machte euch stark. Mein Wohlergehen ging euch über alles. Ich war und bin euer Gemeinschaftsprojekt – ein Herzensprojekt, das euch bis in alle Ewigkeit miteinander verbinden wird.
Ihr habt verstanden, worum es im Leben geht, und seid das Beste, das mir jemals passieren konnte. Ich liebe euch von ganzem Herzen.

Der ZURÜCKGELASSENE Hund

Wie könnte ich dir böse sein, geliebter Freund? Du warst immer gut zu mir, hast alles getan, damit ich mich bei dir wohlfühle. Fast ein Jahr lang hast du Geld gespart und auf jeglichen Luxus verzichtet, um mich bei einem Züchter kaufen zu können und nicht in einem der schrecklichen Hundesupermärkte. Du wolltest es besser als deine Eltern machen und hast mir all die Liebe geschenkt, die du selbst nie bekommen hast. Dafür habe ich unvergesslich schöne Momente in deinen Alltag gezaubert.
Wie könnte ich dir böse sein, geliebter Freund?

Die Nächte haben wir aneinander gekuschelt in deinem Bett geschlafen – wie in einer Familie, in der man sich geborgen und geliebt fühlt. Ich habe deine Nähe sehr genossen, den Körperkontakt, deine lieben Worte, deine zärtlichen Streicheleinheiten, während wir einfach nur dalagen und glücklich waren, unsere Streifzüge in der Natur bei Regen oder Sonnenschein – einfach jede Sekunde mit dir. Du warst mein Leben.

Wie könnte ich dir böse sein, geliebter Freund?

Früh morgens liefen wir gemeinsam durch die Straßen und spielten im Licht der Straßenlaternen Ball, damit ich anschließend gut schlafen konnte, während du Geld verdienen musstest. Ich habe mich nie als Belastung gefühlt, habe jeden Funken deiner Liebe aufgesaugt. Sie hat mich beflügelt, mehr brauchte ich nicht zum Leben. Und ich habe sie dir tausendfach zurückgegeben.

Wie könnte ich dir böse sein, geliebter Freund?

Sicher würdest du irgendwann einmal ein guter Papa sein, denn

du hattest so viel Spaß, wenn wir miteinander spielten. Das Glück in deinen Augen, wenn wir über die Felder liefen, war das Größte für mich. Wie ein kleiner Junge strahltest du über das ganze Gesicht. All die Freude, die du als Kind hättest erfahren sollen, holten wir gemeinsam nach. Abends saßen wir zusammen vor dem Fernseher auf der Couch. Dann konnte ich die Einsamkeit in deinem Herzen spüren und deine tiefe Unsicherheit fremden Menschen gegenüber.
Wie könnte ich dir böse sein, geliebter Freund?
Wie hättest du wissen sollen, was richtig oder falsch war? Niemand hatte es dir jemals erklärt. Dein mangelndes Selbstwertgefühl machte es dir schwer, in der Gesellschaft zu bestehen. Deine Mitmenschen und Arbeitskollegen waren nicht immer nett zu dir, doch ich liebte dich bedingungslos. Manchmal warst du traurig, und Tränen liefen über dein Gesicht. Ich leckte sie ab und flüsterte dir voller Zuversicht ins Ohr: »Alles wird gut.«
Wie könnte ich dir böse sein, geliebter Freund?
Als du in der Hundeschule das Frauchen von Daisy kennenlerntest, wusste ich vom ersten Augenblick an, dass sie wie du war: einsam, bedürftig und auf der Suche nach etwas Geborgenheit in ihrem Leben. Ihr wart wie zwei Magnete, die es zueinander hin zog. Ich freute mich für dich, doch in mir wuchs die

Erkenntnis, dass es dir nun wichtiger war, ihr zu gefallen, als meine Wünsche wahrzunehmen.

Doch wie könnte ich dir böse sein, geliebter Freund? Das verletzte Kind in ihr hatte große Angst, deine Liebe mit mir teilen zu müssen. Unser Zusammenleben wurde von ihrer Eifersucht überschattet, von den Wunden aus der Kindheit, die noch lange nicht verheilt waren. Ich war ihr Spiegel, in den sie nicht schauen wollte. Ich fühlte, dass ich zwischen euch stand, und es machte mir Angst. Daisy wurde immer unsicherer und begann, mich zu attackieren. Als ihr Frauchen dir sagte, sie hätte jemanden gefunden, der mich bei sich aufnehmen würde, hattest du keine andere Wahl: »Okay, das ist bestimmt besser für ihn.«

Doch wie könnte ich dir böse sein, geliebter Freund? Ich weiß, dass du diese Entscheidung eines Tages bereuen wirst. Irgendwann, wenn du stark genug sein wirst, dein Leben zu reflektieren. Wenn du ein Stück weit gewachsen bist und allein auf deiner Couch sitzend an mich denkst. In einigen Jahren, wenn du die Fragen deiner Kinder beantworten musst. Wenn du in Tränen ausbrichst, weil sie dich um einen Hund bitten.

Ich liebe dich noch immer unendlich und freue mich, dein Leben bereichert zu haben. Wenn du eines Tages aus tiefstem Herzen sagen kannst: »Es tut mir leid, aber ich war wie gelähmt. Ich werde meine Kinder zu liebenden, mitfühlenden Menschen erziehen, die niemals in ihrem Leben einen Hund zurücklassen werden«, habe ich meine Aufgabe erfüllt. Und ich werde dir niemals böse sein, mein über alles geliebter Freund.

Der TRENNUNGSHUND

Dein Bruder war noch ganz klein, du warst gerade in der siebten Klasse und total verrückt nach Tieren, als ich bei euch einziehen durfte. Ihr wart alle da, um mich abzuholen, die komplette Familie. Vierhundert Kilometer seid ihr gefahren, über Autobahnen und endlose Landstraßen. Auch vorher schon wart ihr an mehreren Wochenenden gekommen, um mich zu besuchen, zu streicheln und mit mir zu spielen. Alles war perfekt organisiert und durchstrukturiert. Deine Eltern hatten sich schlaugemacht und waren auf alles, was mich betraf, gut vorbereitet. Die Hundeschule war bereits gebucht, ich würde nicht in der Küche und selbstverständlich auch nicht auf dem Sofa liegen dürfen. Natürlich waren deine Eltern auch bei der Wahl meiner Herkunft sehr umsichtig gewesen. Ich sollte etwas Besonderes sein, ein Hund mit gutem Stammbaum, ja, das war ihnen wichtig. Dir war das alles ganz egal, du hättest auch gern einen Hund aus dem Tierheim genommen. Die Liebe in deinen Augen war eine Wohltat für mich, ich konnte sie spüren und riechen – vom ersten Tag an warst du meine Seelenfreundin. Auch wenn du damals noch ein Kind warst, wusste ich, dass unsere Liebe ewig bestehen bleiben würde. Deine Eltern waren gut situiert, wie man so schön sagt. Dein Vater hatte eine Führungsposition bei einer Versicherung inne, deine Mutter arbeitete als Lehrerin. Das geklinkerte Einfamilienhaus war schon so gut wie abbezahlt. Dass ich die Aufgabe haben sollte, ein bisschen für Abwechslung zu sorgen, weil ihnen nach all den Jahren der Gesprächsstoff ausgegangen war, habe ich erst im Nachhinein begriffen, aber es war mir egal. Es hat mir unendlich viel Freude bereitet, euch alle zum Lachen zu bringen, mit euch durch Wälder und über Felder zu laufen, in den Matsch zu springen, unter der Gartendusche zu stehen und beim Spielen stundenlang das Bällchen zurückzubringen. Ich war sehr glücklich.

Nur sehr selten einmal wurde ich krank. Und wenn, habt ihr mich gepflegt wie einen König. Ich habe es sehr genossen, im Mittelpunkt zu stehen. Dann durfte ich auch auf dem Sofa auf einer Decke liegen. Aber nur, wenn dein Vater nicht zu Hause war und du deiner Mutter so lange auf die Nerven gegangen warst, bis sie nachgab. Es war so schön auf dem Sofa – gemütlich, kuschelig und warm. Außerdem konnte ich dann ganz nah bei dir sein. Den Kopf in deinem Schoß ließ ich mir von dir den Bauch kraulen.

Mit den Jahren änderten sich unsere abendlichen Rituale. Du wurdest älter und kamst in die Pubertät. Dein Interesse an Jungen wuchs, was zur Folge hatte, dass du nicht mehr jeden Abend zu Hause verbringen wolltest. Trotzdem versuchtest du, jede freie Minute bei mir zu sein, mit mir zu knuddeln, zu spielen und zu laufen. Wenn du für die Schule lernen musstest, dann tatest du das mit mir zusammen auf dem Boden sitzend. Auch Filme schauten wir gemeinsam an. Dein Bruder mochte mich auch, aber eine echte Seelenverwandtschaft hatte ich nur mit dir. Das Interesse deiner Eltern an mir hielt sich in Grenzen. Ich gehörte zwar irgendwie dazu – vielleicht aber auch nur aus Gewohnheit. Manchmal sah ich deinen Vater tagelang nicht, weshalb ich immer öfter auf dem Sofa liegen durfte. Irgendwann kam er nach der Arbeit gar nicht mehr heim, und auch deine Mutter hatte auf einmal viele Verabredungen, während dein Bruder in seinem Zimmer an seinem Computer saß oder beim Fußball war. Für mich war das unbegreiflich. Wo war ihre Fürsorge auf einmal hin, ihre Zuneigung? Sie hatten mich doch unbedingt haben wollen.

Ich verbrachte viele Abende ganz allein im Wohnzimmer. Im Winter, wenn es früh dunkel wurde, vergaßen sie manchmal, ein Licht anzulassen. Dann lag ich im Dunkeln auf meinem Platz und wartete sehnsüchtig darauf, dass einer von euch nach Hause kam. Es ist schon verrückt, wie sehr sich eine Familie im Laufe der Jahre verändern kann. Ich dachte immer, ein Rudel hält ein Leben lang zusammen. So hatte es mir meine Mama erklärt, als ich noch ein Welpe gewesen war. In mir entstand ein komisches Gefühl der Unruhe, vermischt mit Angst und Sorge. Doch ich wusste ja, was immer auch geschehen mochte,

du würdest an meiner Seite sein.

Je älter ich wurde, desto größer und schöner wurdest du, meine liebe Seelenfreundin. Schließlich warst du eine junge Frau, intelligent und fleißig. Du musstest viel für dein Abitur lernen. Doch ständig machtest du kleine Pausen, um mit mir spazieren zu gehen. Deine Mutter tat das nur noch selten, meist morgens eine kleine Runde, und das nur, wenn du einmal auf Klassenfahrt warst. Manchmal überforderte dich deine Verantwortung mir gegenüber, und du stelltest deine Eltern zur Rede. Dass sie sich auseinander gelebt hatten, war nicht mehr zu übersehen, und es nagte an deiner Seele. Meine Existenz war eine Wohltat für dich, aber auch mit vielen Pflichten verbunden. Niemand unterstützte dich dabei, sich um mich zu kümmern.

Dann kam das Jahr, das unser aller Leben verändern sollte. Obwohl jeder in deiner Familie wusste, dass ich an Silvester große Angst hatte und seelische Unterstützung brauchte, nahmen sich alle etwas vor, niemand wollte daheimbleiben. Dein Bruder verbrachte den Abend bei einem Freund. Wo sich deine Eltern aufhielten, wussten wir nicht, und du hattest sie auch nicht gefragt, weil du ihre Lügen nicht mehr hören wolltest. Für dich war es ganz selbstverständlich, die Einladung zu der besten Silvesterparty des Abends abzulehnen, um bei mir sein und mich im Arm halten zu können. Ich bewunderte dich dafür, denn diese Einladung war von dem jungen Mann gekommen, in den du seit Langem verliebt warst. Aber du sagtest mir, wenn er das nicht verstehen würde, wäre er nicht der Richtige für dich. Ich fand dich so weise, mit oder ohne Abitur, und ich verbrachte mit dir den schönsten Silvesterabend meines Lebens. Wir haben Käse gegessen, du hast Sekt getrunken und um Mitternacht die Musik so laut aufgedreht, dass ich die Knaller kaum hören konnte. Glücklich lagen wir aneinander gekuschelt auf der Couch – wie zwei Seelenfreunde halt.

Das Frühjahr hatte gerade erst begonnen und somit deine Abiturklausuren, da offenbarten deine Eltern dir und deinem Bruder, dass sie sich scheiden lassen und das Haus verkaufen würden. Jedes von euch Kindern sollte schon einmal überlegen, bei wem es leben wollte. Obwohl du es geahnt hattest, warf es dich aus der Bahn. Die Unsicherheit, die Veränderungen, die dir bevorstanden. Gerade in dieser stressigen Zeit, in der du einen festen Anker hättest gebrauchen können. Was du dir in deinen kühnsten Träumen aber nicht hättest vorstellen können, war die Ankündigung deiner Eltern: »Der Hund kommt ins Tierheim – um den kann sich niemand allein kümmern.«

Sie wollten mich tatsächlich weggeben. Einfach so – nach all den Jahren. Sie waren doch so gebildet! Sie wussten doch, dass ich mich wie kein anderes Tier an meine Menschen binde und dass ich lieber sterben würde, als sie im Stich zu lassen. Im Tierheim oder bei anderen Menschen würde ich vielleicht für den Rest meines Lebens leiden. War ihnen das auf einmal egal?

Heute ist Heiligabend. Du hast dein Abitur bestanden und begonnen, soziale Arbeit zu studieren. Die drei anderen Bewohner der Studenten-WG, in der wir beide nun leben, haben ein schönes Festessen vorbereitet. Ich habe auf meinem Platz in der Küche liegen und sie zufrieden dabei beobachten dürfen, während du noch in der Suppenküche Essen an Obdachlose ausgegeben hast. Alle lieben mich! Manchmal gehen deine Mitbewohner zu zweit oder zu dritt mit mir spazieren, weil es ihnen so viel Spaß macht und sie sich nicht darüber einig werden können, wer diese Pflicht nun übernehmen darf. Ich

fühle mich an diesem Ort so unbeschreiblich wohl und bin so glücklich, die Zeit, die mir noch bleibt, mit Menschen verbringen zu dürfen, die sich darüber freuen, dass ich da bin.

Du, meine liebe Seelenfreundin, bist in den letzten acht Monaten über dich hinausgewachsen, hast dich von der Raupe zum Schmetterling entwickelt. Du warst geschockt, enttäuscht und verzweifelt, hast mit deinen Eltern und mit dem Leben gehadert. Brücken sind eingestürzt und Träume wie Seifenblasen zerplatzt. Doch du hast gekämpft und am Ende gewonnen. Aus den Trümmern der eingestürzten Brücken hast du eine große Leiter gebaut, um wieder näher ans Licht zu rücken. Es war eine anstrengende Zeit, aber du hast es geschafft: Du bist stärker aus der Krise hervorgegangen, als du jemals warst. Du weißt, was es bedeutet, Verantwortung zu übernehmen und für einen Freund einzustehen. Einen Freund, der dich über alles liebt.

Du bist ein sehr glücklicher Mensch geworden, der authentisch lebt und seiner Berufung folgt. Denn du hast verstanden: Liebe kann man nicht erzwingen und auch nicht kaufen, Liebe entsteht im Herzen, und man muss nicht miteinander verwandt sein, um sie zu fühlen. Verantwortungsbewusstsein hat nichts mit Bildung oder der Zugehörigkeit zu einer bestimmten sozialen Schicht zu tun.

Es gibt immer eine Lösung – immer! Auch wenn alles Vertraute zusammenzubrechen droht.

Meine liebe Herzensfreundin, bald werde ich dich verlassen müssen, denn dann ist meine Aufgabe erfüllt. Mögest du immer einen Seelengefährten an deiner Seite haben, der dir so viel Liebe geben kann, wie du sie mir gegeben hast.

Der SEELENHUND

Meine Seelenfreundin, meine über alles geliebte Lebensgefährtin und jahrelange Wegbegleiterin. Du hast mich genährt, gepflegt, mich geachtet, gehalten und getröstet. Viele Male habe ich dein Lachen gehört und manchmal auch deine Tränen gesehen. Gemeinsam sind wir durch dick und dünn gegangen, durch Wälder gezogen und spielend über Felder gelaufen. Ich durfte mich im Wasser austoben und mit meiner Freude dein Herz berühren. Ich war wie eine Insel für dich, wie ein Engel, der dich begleitete und schöne Momente in deinen Alltag zauberte. Ich war lustig, aber manchmal auch ernst. Ich war eine Bereicherung für dich,

doch manchmal auch eine Herausforderung, an der du wachsen solltest. Du warst mein Lebensinhalt – dafür habe ich deine Seele reich beschenkt.
Meine Seelenfreundin, jedem Sturm haben wir uns gemeinsam gestellt, jeden Regentropfen genossen, denn wir waren zusammen – verbunden in bedingungsloser Liebe und Freundschaft. Auch die Unwetter des Lebens konnten uns nichts anhaben, denn unsere Partnerschaft machte uns stark. Wir waren eigenständige Individuen, die die schönste Zeit ihres Lebens zusammen mit dem besten Freund verbringen durften – so glücklich und dankbar für jeden Augenblick. In Zeiten des Umbruchs und der Erneuerung führte ich dich in die Natur, damit du wieder klar denken konntest. Dafür schenktest du mir mit deiner Liebe Heilung und Freude. Wir waren wie Zwillingsseelen im Ozean des Universums – und wir sind es noch immer.

Jetzt, wo du mich nicht mehr sehen kannst, glaubst du, ich sei fort. Doch das bin ich nicht. Ich begleite

dich bei jedem deiner Schritte, lausche jedem deiner Worte, sehe jede deiner Tränen – Tag für Tag.
Meine Seelenfreundin, ich bin noch immer an deiner Seite und werde es für alle Zeit sein, denn ich bin dein Seelenhund. Du darfst so lange um mich trauern, wie du es fühlst. Doch ich wünsche mir, dass du eines Tages nicht mehr traurig sein wirst, sondern der Gedanke an mich dich zum Lächeln bringen wird und dein liebendes Herz schneller schlagen lässt in der Gewissheit, irgendwann einmal wieder an meiner Seite zu sein.
Von Beginn an wussten wir, unsere gemeinsame Zeit würde begrenzt sein. Trotzdem haben wir uns auf dieses Abenteuer eingelassen, denn wir wollten das Leben spüren, es mit allem, was es zu bieten hat, aufsaugen. Leben bedeutet vor allem auch, Mut zu haben, sich auf das Ungewisse mit all seinen Konsequenzen einzulassen. Leben heißt, starke Gefühle zu durchleben – auch Schmerz gehört dazu, ihn zu fühlen und eines Tages in Liebe gehen zu lassen.
Ich sehe deine Trauer, und ich halte dich, wie du mich in meinen schwersten Stunden gehalten hast. Ich bin da, nur einen Wimpernschlag entfernt. Ich sehe dich, rieche und fühle dich. Nachts wache ich neben dir wie ein Engel, und wenn du ein Bauchgefühl bekommst, dann habe ich dich dort gekitzelt.

Meine Seelenfreundin, bitte stelle dir vor, das Universum wäre ein Hochhaus aus Glas. Deine Seele wollte wissen, wie es sich anfühlt, im Erdgeschoss zu wohnen. Dort verbringst du nun dein Leben – mit all seinen Höhen und Tiefen. Ich dagegen habe meine Aufgabe im Erdgeschoss erfüllt und durfte in die nächste Etage umziehen. Trotzdem kann ich dich noch sehen und bei dir sein, denn in meiner Etage ist alles viel leichter und grenzenlos. Eines Tages darfst auch du die Treppe hinauflaufen, dann sind wir wieder richtig zusammen. Der Tod ist nur ein Umzug. Er gehört zum Leben dazu, und du brauchst ihn nicht zu fürchten.

Meine Seelenfreundin, ich danke dir für ein sinnerfülltes Dasein voller Leidenschaft und Freude. Du warst es und wirst es immer sein: mein Engel, mein Herz, mein größter Schatz. Die Jahre mit dir sind unvergessen. Unzählige Male hast du mir »Ich liebe dich« ins Ohr geflüstert, und ich höre und fühle diese Worte noch immer. Dadurch hast du eine unzerstörbare Liebesenergie in diese Welt gebracht, für die ich dir danken will, denn sie hat mich so glücklich und diese Welt ein wenig besser gemacht. Noch immer fühle ich deine Küsse auf meiner Schnauze und deine Hände in meinem Fell. Unsere Herzen sind für alle Zeiten miteinander verbunden.

Meine geliebte Seelenfreundin, dein Herz ist unendlich groß. Es ist genug Platz vorhanden für weitere Seelenfreunde, die dich ein Stück weit begleiten dürfen. Wenn du bereit bist, dann gehe den nächsten Schritt auf deinem Lebensweg.
Habe keine Angst … ich bin an deiner Seite.

EINEN FREUND WIE DICH – ein Brief an Basco

Hätte jeder Mensch einen Freund wie dich, wäre die Welt ein besserer Ort.

Am Morgen würden die Menschen mit einem Lächeln im Gesicht die Augen aufschlagen, denn sie wären nicht durch den schrillen Ton eines Weckers aus dem Schlaf gerissen worden, sondern durch die trampelnden Pfoten eines Hundes, der im Traum durch einen Bachlauf rennt und dabei vor Vergnügen quietscht.

Sie würden voller Vorfreude auf den Tag aus dem Bett springen, um mit ihrem Hund durch den Wald zu laufen, anstatt sich genervt die Decke über den

Kopf zu ziehen. Der Gedanke ans Büro würde ihnen ein Lächeln ins Gesicht zaubern, denn sie könnten ihren Hund mitnehmen, weil ja auch ihr Chef einen vierbeinigen Freund hätte und wüsste, dass seine Mitarbeiter dann viel glücklicher sind und effektiver arbeiten.

In den Pausen würden die Menschen an die frische Luft gehen und den Hunden im Park beim Toben zusehen. Für Lästereien über die Fehler der anderen wäre kein Raum, weil dieser bereits mit Freude und glücklichen Momenten ausgefüllt wäre. Verhaltensauffälligen Hunden würde mit Verständnis und Geduld begegnet werden.

Mobbing gäbe es nicht, denn die Menschen wären mit sich und der Welt zufrieden, weil ihre Hunde ihnen durch ihr liebevolles Wesen immer wieder zeigen würden, was im Leben wirklich wichtig ist. Missgunst würde sich in Liebe und Dankbarkeit wandeln, und Minderwertigkeitskomplexe würden der Überzeugung weichen, ein bedingungslos geliebter und perfekter Freund zu sein.

Hätten alle Menschen einen Freund wie dich, würde niemand mehr in den Krieg ziehen, weil sie es nicht ertragen könnten, so lange von ihm getrennt zu sein. Daher gäbe es keine Armeen, und Kriege könnten nicht stattfinden. Menschen würden beginnen, miteinander zu reden, und versuchen, die anderen zu verstehen, weil sie es so von ihren Hunden gelernt hätten.

Weil auf Bohrinseln ein Leben mit Hunden nicht möglich ist, würde dort keiner mehr arbeiten wollen, und die Menschen müssten andere, umweltfreundlichere Lösungen entwickeln. Fracking würde abgeschafft werden, denn durch die tiefe Verbindung zur Natur und das Mitgefühl gegenüber allen Geschöpfen dieser Erde, die in den Menschen durch ihre Hunde gewachsen wären, wäre niemand mehr in der Lage, Chemikalien in den Boden zu pumpen, um die Erde auszubeuten. Es gäbe auch keine Überfischung mehr, und alle Tiere würden mit Respekt behandelt werden.

Hätte jeder Mensch einen Freund wie dich, gäbe es nicht so viel Kummer und Angst. Die Reichen würden sich um die Armen kümmern, denn die grenzenlose Liebe der Hunde würde alle Menschen glücklich machen. Es wäre ein Privileg für die Wohlhabenden, Bedürftige zu unterstützen. Eltern würden ihre Kinder besser behandeln, aus denen glückliche, sich geliebt fühlende Heranwachsende werden würden. Kein Tag verginge ohne Spaß und Freude. Herausforderungen und Schicksalsschläge wären einfacher zu meistern, denn die Hunde würden die Menschen in die Wälder oder an die Gewässer führen, wo ihre Trauer in Zuversicht transformiert werden würde. Die mitfühlenden Gesten ihrer vierbeinigen Freunde würden ihnen Trost schenken und ihre Herzen heilen.

Durch die intensive Zeit in der Natur und die schönen Momente der Zweisamkeit mit einem Freund wie dir würden großartige, kreative Dinge in den Köpfen der Menschen entstehen. Sie würden sich erinnern, warum sie auf der Welt sind, und ihr volles Potenzial ausleben. Wunderbare Ideen kämen zum Vorschein, Projekte, die den Menschen und allen Lebewesen dienlich wären. Die Erde könnte wieder heil werden.

Die Menschen wären gesünder, denn sie würden mit ihren Hunden bei Wind und Wetter Zeit in der Natur verbringen. Bewegung würde ihnen Freude bereiten, und sie wären weniger herzkrank. Sie würden gesünder essen, denn durch ihre Hunde hätten sie begonnen, sich mit Ernährung zu beschäftigen, und sich kleine Gemüsegärten angelegt. Sie bräuchten ihre Krankheiten nicht mehr, um bei Freunden und Familienmitgliedern Mitleid zu erregen, denn die liebevolle Aufmerksamkeit ihrer Hunde wäre ihre Lebensmotivation und alles, was sie an Anerkennung und für ihr Glück bräuchten.

Menschen, die ihre Hunde nicht mit zur Arbeit nehmen könnten, hätten genug Geld für liebevolle Hundesitter. Denn weil alle Menschen gesünder wären, würden sie mehr Lohn für ihre Arbeit bekommen. Dadurch könnte sich jeder einen Freund wie dich leisten, und wir bräuchten viel mehr Hundebetten, Spielzeuge und Biohöfe. Niemand wäre mehr arbeitslos. Burn-outs gäbe es nicht mehr, denn alle Menschen hätten einen Job, der ihnen Spaß macht, und nach Feierabend einen Ausgleich für Körper und Seele.

Mit einem Freund wie dir an ihrer Seite gäbe es nur glückliche Beziehungen. Niemand würde mehr auf einen unpassenden Partner hereinfallen, denn nur ein großartiger und kluger Mensch hätte Verständnis für die Eifersuchtsrangeleien mit einem Hund und würde sie nicht persönlich nehmen.

Mit einem Freund wie dir hätten alle Menschen ein aufgeräumtes Schlafzimmer und ganz viele Lachfalten, weil ihre Hunde den Besuchern bereits zur Begrüßung eine Ladung schmutziger Unterwäsche vor die Füße legen und das total lustig finden würden – wohl wissend, dass auch ihre Menschen Spaß daran finden, obwohl diese sie lautstark zurechtweisen würden. Die Menschen würden lernen, wie bereichernd es sein kann, etwas Leckeres zu teilen, das man eigentlich ganz allein essen möchte. Und sie wüssten, dass immer genug kleine Köstlichkeiten zum Teilen im Haus sein sollten.

Kranke Tiere eines Rudels würden weniger leiden, denn mit einem Freund wie dir an ihrer Seite würden aus ein paar schmerzvollen Monaten noch glückliche Jahre werden.

Hätten alle Menschen einen Freund wie dich an ihrer Seite, würden sie nicht so viel an das Gestern und das Morgen denken, sondern jede einzelne Sekunde der Gegenwart mit ihren Hunden genießen, denn sie würden eines Tages schmerzvoll daran erinnert werden, wie kurz die gemeinsame Zeit auf der Erde ist. Sie würden fühlen, dass Liebe viel stärker ist als Angst und Schmerz, und sich ein Leben lang von ihren Hunden beschützt und begleitet fühlen, auch wenn diese schon längst auf der anderen Seite des Regenbogens auf sie warten. Nach einem erfüllten Leben würden sie mit einem Lächeln im Gesicht die Augen schließen – in großer

Vorfreude darauf, von ihnen in Empfang genommen zu werden.
Mein geliebter Basco, zehneinhalb Jahre lang einen Freund wie dich an meiner Seite gehabt zu haben, war das größte Glück meines Lebens.

In unendlicher Liebe
Susanne

DANKSAGUNG

Aus tiefstem Herzen möchte ich mich bei allen Hundeseelen dieser Welt bedanken. Mit unerschütterlicher und bedingungsloser Liebe versucht ihr, die Herzen der Menschen zu öffnen und innere Mauern einzureißen. Ihr stellt eure Wünsche zurück, damit eure Menschen lernen können, nehmt ein hartes Leben in Kauf und seid trotzdem glücklich über ein einziges Lächeln. Ich verneige mich vor euch.

Mein Dank geht auch an Heidi und Markus Schirner, die dieses ungewöhnliche Buchprojekt möglich gemacht haben. Ich bin sehr glücklich, ein Teil der Schirner-Familie zu sein.

Mit unendlicher Liebe im Herzen danke ich euch, Basco und Chelly, für die wunderschönen gemeinsamen Jahre und die vielen Lektionen, die ich durch euch lernen durfte. Ich vermisse euch in jeder Sekunde. Dass ihr auf der anderen Seite des Horizonts wieder vereint seid, ist mein einziger Trost.

Basco

04/2005–03.03.2017

Chelly

2006–04.02.2017

ÜBER DIE AUTORIN

Susanne Orrù-Benterbusch ist ausgebildete Tierheilpraktikerin und in eigener Praxis in Marl (Nordrhein-Westfalen) tätig. Seit Ende der 1990er-Jahre beschäftigt sie sich intensiv mit alternativer Medizin. Besonders liegt ihr am Herzen, den Tierbesitzern naturheilkundliches Fachwissen zu vermitteln, damit diese eigenverantwortlich die Gesundheit der Tiere erhalten können. Sie bietet dazu speziell Seminare für Hundebesitzer an.

www.susanne-orru-benterbusch.jimdo.com

Susanne Orrù-Benterbusch
Katzen – Seelengefährten & Herzeroberer
Ganzheitlicher Praxis-Leitfaden

288 Seiten
ISBN 978-3-8434-1334-3

Ob zutraulich und verschmust, eigensinnig und kratzbürstig oder gesprächig und verspielt – Katzen haben so viele Facetten wie wir Menschen. Dieses Buch ist eine Liebeserklärung an jede einzelne davon.
Die erfahrene Tierheilpraktikerin Susanne Orrù-Benterbusch lädt Sie ein, die Beziehung zu Ihrer Samtpfote neu zu entdecken: Sie erkennen, dass diese nicht nur ein Seelenstreichler ist, sondern Ihnen auch zu einem schöneren und gesünderen Leben verhelfen will. Zudem erfahren Sie alles Wichtige rund um das Thema »Katzengesundheit« – von der optimalen Ernährung über naturkundliche Heilmethoden bis hin zu Energiearbeit.

Danke für deine REZENSION

– Gemeinsam sind wir mehr –

Liebe Leserin, lieber Leser,

von Herzen danken wir dir, dass du dieses Buch in den Händen hältst und es bis zum Ende gelesen hast. Das bedeutet uns, dem Schirner Verlag und seinen Autoren, sehr viel. Aus voller Überzeugung und mit Hingabe widmen wir uns seit vielen Jahren Themen, die unser aller Lebensqualität und Bewusstwerdung dienlich sind, und hoffen, einen Beitrag für eine lichtvollere Welt leisten zu können. Wenn dir unsere Arbeit gefällt, möchten wir dich bitten, dir einige Minuten Zeit zu nehmen, um dieses Buch zu rezensieren. Warum? Die meisten Menschen lesen Rezensionen, bevor sie ein Buch kaufen, da sie hierdurch einen Eindruck bekommen, ob und wie der Inhalt des Buches den Leser erreicht hat. Eine kurze Rezension ist dabei ebenso hilfreich wie eine lange, sehr ausführliche. Um es auf den Punkt zu bringen:

Eine Rezension ist heutzutage die beste Werbung für ein Autorenwerk!

Wenn du den Schirner Verlag und seine Autoren neben dem Buchkauf auch anderweitig unterstützen willst, dann bitten wir dich: Schreibe für jedes Werk eine Rezension – vielleicht als persönliche Leseempfehlung für die Buchhandlung in deiner Nähe oder online, z. B. beim Schirner Verlag. Das wäre nicht nur eine Wertschätzung für die Autoren, sondern kann dazu beitragen, dass die Verkaufszahlen steigen und der Schirner Verlag auch in herausfordernden Zeiten Bestand hat.

WIE SCHREIBT MAN EINE REZENSION?

Grundsätzlich sollte eine Rezension aus der eigenen, subjektiven Sicht geschrieben werden, da es sich um eine persönliche Meinung handelt. Du kannst in zwei Sätzen deine Gedanken zu dem Buch äußern oder eine längere Rezension verfassen. Falls du nicht weißt, wie du beginnen sollst, hier ein paar Anregungen:

- War das Buch leicht verständlich geschrieben? Wie hat dir die Sprache gefallen? Wie empfandest du die Aufteilung der verschiedenen Themen?
- War es unterhaltsam? War es deiner Meinung nach mit Herzblut und Liebe geschrieben? Wie hat es auf dich gewirkt?
- Hat es dein Herz berührt? Konntest du dich wiederfinden?
- War es tief greifend genug? Hast du viel Neues gelernt?
- Hat es gehalten, was der Titel und die Buchbeschreibung versprochen haben? Hat es deine Erwartungen erfüllt?
- Was macht das Buch besonders? Warum sticht es heraus im Vergleich zu anderen Büchern, die ein ähnliches Thema behandeln?
- Würdest du das Buch weiterempfehlen oder verschenken?

Dankeschön

lesen, fliegen, landen
Schirner Verlag

BILDNACHWEIS

www.shutterstock.com:
S. 5: # 250281589 (© Apichart Meesri); S. 6–7: # 280679345 (© ABO PHOTOGRAPHY); S. 9: # 428866324 (© Javier Brosch); S. 12–15: # 52812544 (© Elenamiv); S. 12: # 477571915 (© Grigorita Ko); S. 15: #141315625 (© Grigorita Ko); S. 16: # 120449176 (© BestShots); S. 16–21: # 175865984 (© PHOTOCREO Michal Bednarek); S. 19: #365180864 (© Holly Michele); S. 20: # 249507592 (© BestShots); S. 23–29: # 231371251 (© pinkomelet); S. 23: # 623228807 (© S1001); S. 24: # 289199603(© Christin Lola); S. 27: # 760157812 (© Kopnina); S. 29: # 519634783(© Alexandra Morrison Photo); S. 30: # 423239686 (© Agnes Kantaruk); S. 30–44: # 114437518 (© Arevik); S. 32: #561781180 (© Ivanova N); S. 36: # 1076998 (© Anneka); S. 38: # 1049659331 (© Agnes Kantaruk); S. 41: # 557379130 (© Ekaterina Brusnika); S. 43: # 596658479 (© Monkey Business Images); S. 45–48: # 250281589 (© Apichart Meesri); S. 45: # 502490791 (© Chonlawut); S. 47: # 522381868 (© Christin Lola); S. 49–55: # 84107722 (© Konstanttin); S. 49: # 347743070 (© Todja); S. 51: # 148855412 (© Emily Skeels); S. 52: # 313441811 (© Vera Larina); S. 55: # 428304415 (© dezy); S. 56–62: # 527700121 (© Sai Tha); S. 56: # 684900205 (© Chendongshan); S. 59: # 668960452 (© Chendongshan); S. 60: # 456753517 (© Chendongshan); S. 63–67: # 138325970 (© suns07butterfly); S. 63: # 607347791 (© hxdbzxy); S. 64: # 222351928 (© Aleksandra Dabrowa); S. 67: # 168909086 (© Jasminko Ibrakovic); S. 68–74: # 177707792 (© EpicStockMedia); S. 68: # 794298610 (© itti ratanakiranaworn); S. 70: # 680252896 (© Maximumm); S. 73: # 406853305 (© stockfotoart); S. 75–78: # 157857116 (© Natali Zakharova); S. 75: # 459435511 (© Ekaterina Brusnika); S. 77: # 459435517 (© Ekaterina Brusnika); S. 79–83: # 69703267 (© elena moiseeva); S. 79: # 108801692 (© Jaromir Chalabala); S. 80: # 728954752 (© Jaromir Chalabala); S. 83: # 773283667 (© Forest man72); S. 84–92: # 163308614 (© Smart Design); S. 84: # 447257548 (© Chirtsova Natalia); S. 86: # 556211362 (© ANURAK PONGPATIMET); S. 88: # 593705984 (© Pavel Ilyukhin); S. 91: # 190978217 (© Christin Lola); S. 93–97: # 232697392 (© AKaiser); S. 93: # 315047915 (© Soloviova Liudmyla); S. 94: # 637345972 (© Soloviova Liudmyla); S. 97: # 264960023 (© llaszlo); S. 98–104: # 51301438 (© Triff); S. 103: # 196930781 (© Christin Lola)

Stilelemente: Pfoten: # 519252046 (© Martial Red); Herz: # 92194063 (© Kudryashka); Ornamente: # 116481811 (© blue67design)

Bilder auf S. 98, 106 und 107: © Sarah Mikulla, www.dogs-on-tour.nrw